W0095450

HEIKO WERNING,
VOLKER SURMANN (Hrsg.)

FRUCHT
FLEISCH
IST AUCH
KEINE
LÖSUNG

BEITRÄGE ZUR
ERNÄHRUNGSLAGE DER NATION

**SATYR
VERLAG**

1. Auflage September 2011

© Satyr Verlag, Berlin
Satyr Verlag ist eine Marke des Verlagsgründers Peter Maassen.
www.satyr-verlag.de

Satz und Cover: Endai Hüdl
Druck und Bindung: AALEXX Buchproduktion GmbH, Großburgwedel

Die Deutsche Nationalbibliothek verzeichnet diese Publikation in der Deutschen Nationalbibliografie; detaillierte bibliografische Daten sind im Internet abrufbar über:
http://dnb.d-nb.de

ISBN 978-3-86327-006-3

Inhalt

7 **Vorwort** *Heiko Werning, Volker Surmann*

13 **Rückfällig werden** *Thilo Bock*

19 **Nie wieder Fleischtomaten!** *Wiglaf Droste*

22 **Vom Essen kann man sich ernähren** *Isabella Renitente*

30 **Von der Liebe** *Martin Betz*

31 **Is' keen Fleisch, is' Pute!** *Maik Martschinkowsky*

35 **Fleisch: ja! Salat: nein!** *Uli Hannemann*

39 **Vom Fachmann für Fleischwarenkenner** *Mark-Stefan Tietze*

41 **Zwischen Flower Power und dem Rio Osalla** *Kersten Flenter*

48 **Zwiegespräche mit Gott – heute: Proteine** *Ahne*

52 **Waidmannsheil** *Heiko Werning*

58 **Fleisch!** *Toni Mahoni*

73 **Schweine im April** *Udo Tiffert*

74 **Auf Messers Schneide** *Konrad Endler*

79 **Wursttheorie** *Katharina Greve*

80 **400 Schweine/Stunde** *Kathrin Hartmann*

89 **Ein Tag am Grill** *Nils Heinrich*

92 **Erste Herbsthilfe** *Fritz Eckenga*

94 **Wurst** *Volker Strübing*

99 **Der Duft der Opferwurst** *Jan Gympel*

106 **Weil es Landliebe ist** *Volker Surmann*

111 **Die Melone** *Felix Jentsch*

114 **Tag des Milchleids** *Heiko Werning*

119 **Fleischsaft – frisch gepresst** *Mirco Drewes*

127 **Bei Pferderennen gibt es wenigstens mehrere Durchläufe** *Jakob Hein*

131 **Die Kathedrale des Fleisches** *Leo Fischer*

138 **Der Neandertaler in mir lebt, aber er ist inzwischen ein verwöhntes Arschloch geworden** *Micha Ebeling*

145 **Fleischliche Gelüste** *Barbara Rademacher*

149 **Zweifelhaftes Weltverbessererlied** *Frank Sorge*

151 **China Food** *Ilka Schneider*

155 **Das Schweigen der Hennen** *Volker Surmann*

161 **Bio in Ostwestfalen** *Bernd Gieseking*

165 **Essen ist Leben** *Klaus Pawlowski*

167 **Diese krankhaft politisch korrekten Menschen können mir aber so was von auf die Nerven gehen** *Daniela Böhle*

171 **Vegetarier werden? Vergessen Sie's!** *Oliver Nagel*

176 **Tagebuch eines Vegetariers** *Peter Parkster*

179 **John Travolta und ich** *Spider*

183 **Iss cool, Man** *Stefan Gärtner*

186 **Die Autorinnen und Autoren**

Vorwort

Wenn man wie wir in Westfalen aufgewachsen ist, kann einen gastronomisch auf der Welt nicht mehr viel erschrecken. Anfangs lachte der argentinische Wirt noch, als wir die Gaucho-Platte geordert hatten und er mit einem Tablett wiederkam, auf dem ein riesiger Fleischberg schwabbelte. Als wir zwei Stunden später aber noch etwas von der gegrillten Schwarte, dem Stierhoden und den gefüllten Dickdarm-Kringeln nachforderten, ließ er ein respektvolles Schnalzen erklingen. Er konnte ja nicht wissen, dass es in unserer Heimat einen Rinderhirn-Eintopf namens »Töttchen« gibt oder »Möppkenbrot«, eine mit Roggenschrot und Rosinen angedickte Blutwurst mit ordentlich Schweineschwarte und Speck, die man vor Genuss in Fett und Pfanne aushärten lässt. – Einige Lebensmittel erfreuen sich eben regional sehr unterschiedlicher Beliebtheit.

In Südostasien isst man gerne Skorpione oder Wasserwanzen, und nicht einmal die Tatsache, dass man bei einem Weichschildkrötengulasch dauernd auf irgendwelchen Knorpelplatten herumkaut, hält den Chinesen davon ab, seine Sümpfe schildkrötenfrei zu futtern. Und die Affen gucken von oben mit wachsender Sorge zu, wohl ahnend, wer danach an der Reihe ist. In den Andenländern werden Meerschweinchen verspeist, auch wenn der europäische Besucher sich irritiert die Augen reibt, wenn sie so ohne Fell ganz klein und nackt mit ihren riesigen Nagezähnen am Spieß über dem Feuer rotieren. In Indien wiederum gibt es eine religiöse Strömung, die mit Mundschutz herumläuft, um nicht versehentlich Fruchtfliegen oder Mücken einzuatmen, und in Berlin müssen sich die ersten Hauptstadthunde auf einen Evolutionssprung vorbereiten, da ihre vegan lebenden Herrchen sie nur noch mit Tofuleckerli und Gemüsepampe füttern – aus Liebe zum Tier natürlich.

Die Reaktionen auf das Verspeisen diverser Tiere sind ebenso interessant wie unterschiedlich. In unserem Kulturkreis zählen eine Menge recht unterschiedlicher Mitgeschöpfe zum gastronomischen Common Sense: Kühe, Schweine, Hühnervögel, allerlei Fische, Krebs- und Schalentiere sind bei der Bevölkerungsmehrheit willkommener Teil der Tafel. Bei Pferden gehen die Meinungen schon deutlich auseinander. Die in vielen Kneipen Hamburgs und des Ruhrgebiets ganz offen auf den Kreidetafeln draußen angepriesenen Pferdewürste werden nur wenige Dutzend Kilometer entfernt im Westfälischen wohl nur noch unter dem Ladentisch gehandelt, obwohl angesichts der exzessiven Reiterei in der Region eigentlich genug bereits gut durchgeklopfte Rohstoffe vorhanden wären. Auch bei Kaninchen scheiden sich die Geister. Wenn das auf der Karte steht, zaubert irgendwer am Tisch sicher ein schlechtes Gewissen aus dem Hut. Darf man denn essen, was einen niedlichen Puschelschwanz hat?

Als vor einigen Jahren der Verdacht ruchbar wurde, man erhielte im Supermarkt statt des erhofften Rindfleischs auch mal ein Känguru, war das Geschrei der Empörung riesig, obschon unseres Wissens nie ein stichhaltiges Argument gegen den Verzehr der Beuteltiere vorgebracht werden konnte. Und schon bei der puren Vorstellung, Riesenspinnen oder Insekten zu essen, wird zarten Gemütern oft speiübel, obschon der substanzielle Unterschied zwischen dicken, prallen, nahrhaften Engerlingen und zarten Schnecken oder zwischen gebratenen Krabben und krossen Heuschrecken nicht so recht ersichtlich ist. Arthropode ist schließlich Arthropode.

Von einer logischen Betrachtungsweise her ist es gar völlig unverständlich, warum einerseits der Verzehr reichlich vorhandener, knurriger, stinkender, flohverseuchter Hunde und ungezogener, vogelfressender, räudiger Katzen als derart unschicklich gilt, dass Südkorea zur Abwehr von Boykottaufrufen seiner olympischen Spiele seinerzeit die kulinarische Verwertung dieser nutzlosen Parasitenträger unter Strafe stellte, während andererseits und ohne mit der Wimper zu zucken gigantische Mengen kugeläugiger, unschuldig blökender Kälbchen, sympathisch grunzender Schweinchen samt lustiger Ringelschwänzchen oder kuschelige, lebensfroh umherspringende Lämmer bedenkenlos verputzt werden.

Aber nicht nur die Wahl des Nährtieres stößt auf heftige emotionale Reaktionen, auch die Tatsache, dass es von Kuh oder Schwein bis zu Steak oder Wurst ein Schritt ist, der nun mal nicht zu überleben ist, führt zu heftigen weltanschaulichen Auseinandersetzungen. »Speziezist!«, ruft die Vegane, »dumme Kuh!«, denkt der Bulettenfreund, und »Igitt« sagen beide, wenn ihnen mal jemand zeigt, woher ihr Essen denn in Wirklichkeit kommt. Doch über stetig steigende Preise klagen beide, obwohl die industriell zusammengepanschten Kohlenstoffketten doch stetig billiger und billiger werden.

Das alles sind nun wahrlich keine neuen Erkenntnisse, doch trotzdem kochte in den letzten Monaten eine Diskussion um moralisch korrekte Ernährung hoch, während der sich das halbe deutsche Feuilleton in eine Achtzigerjahre-Studenten-WG verwandelte, gepfefferte Predigten für und wider fleischliche Ernährungsweisen geführt wurden und sich in unserem Umfeld gleich mehrere Menschen von Jonathan Safran Foer zum Vegetarismus bekehren ließen – nur um sich wenige Wochen später, während der EHEC-Krise, ausschließlich von Pasta und Fritten zu ernähren. Die Karnivoren-Fraktion jubilierte da mit Hohn: Endlich bekam das Gammelfleisch eine zünftige Beilage aus Gammelgemüse. Doch auch manch Veganer wurde käseweiß, als er sah, auf welchem Mist eigentlich die Sprossen in seinem Salat gediehen.

Kurzum: Die derzeitigen Diskussionen um die Ernährungslage der Nation tragen bizarre Züge. Es fehlt an nüchterner Betrachtung, wissenschaftlicher Analyse, überlegener Klugheit, charmanter Herzenswärme, lässigem Humor und vor allem: gutem Geschmack. Bisher. Nun wird das anders. Denn jetzt gibt es ja dieses Buch.

35 handverlesene Autorinnen und Autoren – Vegetarier wie Fleischesser – berichten *à point* über Fleischkonsum und Vegetarismus, über Rotwildjagd und Zartgemüse, über Grillgut und die Grenzen des guten Geschmacks.

Genießen Sie dieses Buch wie ein auf den Punkt genau gegrilltes, saftiges, nur im Kern noch ganz zart blutiges Steak von einem Rind, das sich nach einem erfüllten Leben im Glücksrausch eigenhändig das Bolzenschussgerät an die Schläfe gesetzt hat, oder wie eine sonnengereifte, verführerisch marinierte und dann kunstfertig geschmorte, perfekt gewürzte und aus glücklicher Beethaltung stammende Auberginenscheibe.

Wir warten so lange auf Sie am *Imbiss zur Mittelpromenade*.

Heiko Werning & Volker Surmann
Berlin im August 2011

Rückfällig werden

Thilo Bock

Seit zehn Jahren ernähre ich mich vegetarisch und interessiere mich für das, was ich esse. Die Renner der vergangenen literarischen Saison waren Bücher übers Essen, geschrieben nicht von Wissenschaftlern, sondern von Schriftstellern, quasi von Menschen wie du und vor allem ich. Na ja. Karen Duve zum Beispiel hat mal 'ne Weile auf dieses und jenes im Kochtopf verzichtet, ein Buch drüber geschrieben, wie sich das anfühlt – und ist nun Bestsellerautorin.

Ich dachte ja, Ernährung sei Privatsache. Plötzlich aber werden Vegetarier bewundert. Gelten als Vorreiter. Überlege kurz, ebenfalls ein Buch zu schreiben. Arbeitstitel: *Ich war zwar noch nicht immer Vegetarier, doch länger als manch anderer, allerdings esse ich gelegentlich Fischstäbchen.*

Fraglich, ob ich dafür einen Verlag fände. Nicht nur wegen des sperrigen Titels. Der Markt ist schlichtweg gesättigt. Und zwar mehr als so manche Fettsäure. Und ehe ich fertig mit dem Schreiben bin, ist das Thema ohnehin durch. Besser, ich bereite ein Buch vor für die Zeiten des

Abfallens. Wenn alle festgestellt haben, dass Currywurst-
essen doch leichter ist als die Zubereitung von Getreide-
bratlingen. *Rückfällig werden* könnte mein Buch heißen.
Untertitel: *Über die Leiden eines betrunkenen Vegetariers vor
einer Dönerbude.*

Sowieso: Suff. Saufen ist ja ähnlich verbreitet wie
Fleischessen und wird weitaus stärker kritisiert. Nie steht
jemand auf und sagt: »Wir müssen dafür sorgen, dass die
Jugend kein Fleisch mehr isst!« Mit dem Trinken dagegen sollen sie keinesfalls beginnen. Und das nicht etwa,
weil Erwachsene befürchten, es gäbe dann nicht mehr
genug für sie, sondern aus Gründen, die ich vergessen
habe. Gestern in der Kneipe wusste ich sie noch.

Fakt ist trotzdem: Die Jugend säuft. Nicht mehr so viel,
aber sie säuft. Vor allem das Rauschtrinken gilt als Problem. Mag sein, wer allerdings nur so viel Alkohol trinkt,
dass er auf keinen Fall was davon merkt, hat das Konzept
dieses Wirkstoffs nicht verstanden. Ein Lied von *Element
of Crime* hat es mal auf den Punkt gebracht: »Ich möchte so gerne berauscht sein und werde doch immer nur
breit.« Der Wille ist beim Trinken ja stets da, es geht bloß
meistens schief. Deswegen trinkt man ja stetig weiter in
der Hoffnung, einmal wieder den wohligen, angeschi-
ckerten Rauschzustand zu erreichen, den man bei seinen
ersten nachhaltigen Alkoholerfahrungen gemacht hat.

Im Grunde sind vegetarische und antialkoholische Le-
bensweisen miteinander vergleichbar. Ganz krasse Cha-
raktere verzichten sogar auf beides. Und sind oftmals als
Langweiler verschrien. Oder als Massenmörder. Wobei
diese Hitler-Nummer nervt. Attila der Hunne hat zum

Beispiel ganz viel Fleisch gegessen, als angenehmer Zeit-genosse ist er trotzdem nicht in die Geschichtsbücher eingegangen. Gestorben ist er an Nasenbluten, Folge eines jahrelangen massiven Alkoholmissbrauchs. Könnte man den Kids ja mal verklickern: Trinkt lieber keinen Schnaps, sonst sterbt ihr an Nasenbluten. Und das ist voll uncool.

Klar, wer verzichtet, ist nicht automatisch heilig. Zumal auch Heilige nur wirklich heilig sind, wenn sie eine dunkle Seite haben. Ohne Kontrast ist nichts als Licht, und reines Licht blendet die Menschen, macht ihnen Angst. Und stolpert so eine Lichtgestalt über in der Vergangenheit gemachte Fehler, sind alle heilfroh. Gleichwohl sagen sie: »Ich könnte das ja nicht, ein Essen ohne Fleisch, das ist ja kein Essen.« Und eine Party ohne Alkohol, was ist das denn für 'ne Party? Genau. Kein Alkohol ist zwar keine Lösung, fällt jedoch stärker auf. Wer kein Fleisch verzehren mag, lässt es eben weg. Alternativen finden sich. Notfalls isst man bloß die Beilagen und bleibt dennoch Teil der Tischgesellschaft. Wer indes versucht, vom Wodka-O den O-Saft abzutrinken, kann damit zwar im Fernsehen auftreten, tanzt hinterher aber nicht auf dem Tisch.

Fleischkonsum verändert die allgemeine Stimmung nicht so extrem, dass man als Vegetarier plötzlich das Gefühl bekommt, ausgeschlossen zu sein. Okay, ja, das Schwelgen. Wie butterzart das Fleisch wieder gelungen sei, so rosa, oh, köstlich, und hast du die Soße ...? Was für ein Gedicht!

Vegetarismus ist ja nicht allein für den eigenen Körper gut. Er rettet auch die Welt. Die Behauptung aus dem

Ärzte-Song »Ich ess Blumen«, die Fäkalien eines Vegetariers würden weniger stinken, kann ich leider nicht bestätigen. Trotzdem: Dank vegetarischem Verzicht wird weniger Wasser verbraucht und weniger CO_2 produziert. Und die Welternährungsschieflage könnte auch waagerechter werden, würden mehr Menschen das tägliche Schnitzel weglassen. Jemand, der nicht trinkt, wird von den Trinkenden zwar bedauert, doch er verbessert durch das Nichttrinken nicht die Welt. Vielmehr schädigt er die Alkoholindustrie und zahlt zugleich weniger Steuern, was letztlich staatsgefährdend ist.

Mein Buch *Rückfällig werden* begänne mit einer harmlosen Episode, einem Erlebnis, das jeder kennt. Wenn ich damit nämlich auf den Markt komme, wird es noch mehr Vegetarier geben als heute, und meine Leser werden es sowieso sein. Viele haben das Buch womöglich heimlich erstanden, verschlingen es mit anfänglichem Entsetzen bei hohem Gruselfaktor und wachsender Begeisterung.

Ich fange mit der versehentlichen Wurst an, dem untergeschobenen Hackfleisch. Denn was macht ein Vegetarier, wenn er in seinem Mund Fleisch bemerkt? Das kann bei Essenseinladungen passieren. Vor allem bei Büfetts. Gelegentlich wirkt es hysterisch, wenn man ständig nachfragt, was was ist und vor allem, womit gefüllt. Die tückische Teigtasche, die präparierte Pastete. Der orthodoxe Fleischverächter würde den ungewollten Bissen sofort ausspucken, möglichst auffällig angewidert. Es ist ja auch eine Zumutung, dass Fleisch weiterhin angeboten wird! So bin ich nicht. Ich mag Fleisch, finde jedoch den Umgang mit Tieren vor und nach ihrem Tod abstoßend.

Wie verhält es sich aber mit versehentlich auf die Zunge geratener Fleischware? Diese nicht herunterzuschlucken, wäre ja zutiefst kontraproduktiv. Jenes Tier hätte umsonst gelitten, jedenfalls Teile von ihm. Es wäre gemästet und geschlachtet worden, um von mir ausgespuckt auf der Müllkippe zu landen. Und der Rest von meinem Teller wahrscheinlich genauso. Dann lieber alles mit Genuss aufessen. Vegetarier kann man ja sonst immer sein.

Im nächsten Kapitel würde ich von dem Reh im Kofferraum erzählen. Nehmen wir an, meine Mutter hätte nachts ein die Straße überquerendes Tier erwischt. Mit dem Auto, nicht mit der Flinte. Das muss man ja melden. Macht aber Stress und das Reh nicht wieder lebendig. Es kommt in die Tierkörperbeseitigungsanlage. Schade um das Fleisch aus freier Wildbahn. Also wuchtet meine Mutter das Tier in den Kofferraum und bittet mich um Hilfe. Als Dank lädt sie mich zum Rehbraten ein. »Ich ess doch kein Fleisch!«, würde ich sagen. »Ja, wegen der Massentierhaltung«, so die Antwort, »und hast du nicht gesagt, Fleisch von Menschen, die ins Fitnessstudio gehen, würdest du essen, die quälen sich schließlich selbst?«

Rückfällig werden würde deshalb zum Bestseller, weil ich darin das Motto ausgebe: Nur der Inkonsequente kann die Konsequenzen ziehen. Ich würde davon berichten, wie es ist, wenn man nach jahrelanger Abstinenz wieder Alkohol trinkt. Das muss doch wunderbar sein. Endlich spürt man wieder was. Ich würde Tricks verraten, wie man unauffällig Fleisch isst und ohne dass es einer merkt. Nicht einmal der Lebenspartner oder die engsten Freunde. Klar muss man vehement darauf bestehen, kein Gramm Tier auf den Teller zu bekommen. »Aber macht euch bitte keine Umstände! Die Beilagen reichen vollkommen, ich liebe Kartoffen mit Gemüse und Soße. Oder ist die auf Fleischbasis? Nee, dann lieber nicht. Ach, und die Bohnen sind im Speckmantel? Na ja, Kartoffeln sind ja sowieso das Beste, was Mutter Natur zu bieten hat ...«

Niemand ist erpicht auf einen Abend unter Freunden, von denen einer in trockenen Kartoffeln herumpickt, während sich die anderen an saftigem Braten delektieren. Niemand und schon gar nicht der Vegetarier. Und wenn man ihn nicht auslädt, gibt es entweder für niemanden Fleisch oder ein Extragericht für die Tofuwurst. »Das wäre wirklich nicht nötig gewesen, vielen Dank, schmeckt super!« Was leider selten stimmt. Na ja, satt essen kann man sich notfalls dann an den Resten in der Küche. Man sollte sich dabei bloß nicht erwischen lassen.

Nie wieder Fleischtomaten!

Wiglaf Droste

Es ist schon erbärmlich, was Menschenfleisch verzehrenden Wesen als Nahrung vorgesetzt und angeboten wird: Kreaturen aus Massenhaltung, den Kopf vollgestopft mit Massenmedien, großgezogen in Massenbehausungen, ungebildet in Massenschulen, Massenuniversitäten und Praktikantenmassenabwurfstellen, gekleidet in Textilien aus Massenproduktion, ernährt mit Nahrungsmittelersatz aus Lebensmittelchemie und Massentierhaltung. Obwohl chronisch vergiftet an Körper und Geist, hält sich der Mensch noch für genießbar. Doch der Protest der Endverbraucher regt sich und wird lauter. Haie oder Tiger, die auf sich und ihre Gesundheit halten, verschmähen das Billigangebot Massenmensch und verlangen Ware in Bio-Qualität.

Die Ausschlusskriterien sind streng. Wer seinen Körper regelmäßig mit Produkten von Maggi, Knorr, Pfanni, Nestlé, McDonald's, Subway, Burger King, Pizza Hut, Kentucky Fried Chicken und anderen Denaturierungskonzernen biochemisch-hormonell ruiniert hat, ist als Nahrungsmittel nicht mehr zumutbar. Wer sein Gehirn

mit Fernsehen, Ballerbudenradio und der Berliner Koch-
straßenpresse sukzessive zerstört und abgetötet hat, darf
als Tierfutter ebenfalls keine Verwendung mehr finden.
Die Lage ist katastrophal. »In den USA stammen 99
Prozent der Menschen aus Massenhaltung, in Deutsch-
land sind es 95 Prozent«, klagt der US-amerikanische
Schriftsteller Jonathan Safran Foer, und seine deutsche
Kollegin Karen Duve moniert, dass Anständig-Essen für
Menschenfleischkonsumenten so gut wie unmöglich ge-
worden ist.

Denn der Mensch stopft wahllos in seinen Mund hinein, was man ihm hinhält, und genauso wahllos brabbelt
aus dem Mund heraus, was da gerade zwischen seinen
Ohren ruckelt, zuckt, leer hallt oder brummt. Derzeit ist
das nicht selten der Vegetarismus; das Marketing von
Stern, Spiegel, Zeit, taz und Hastdunichtgesehn setzt
auf Reden über Fleischlosigkeit, auf Moral an der Ver-
kaufstheke, auf Tierschutzinstinkte, auf Angst vor vergif-
teten Lebensmitteln. Diese Themen bewegen die deutsche Bürgerjugend seit hundert Jahren, aber mittlerweile
hat auch der Durchschnittsmann, der nur sein Bier trinken und ansonsten vor und von allem seine Ruhe haben
will, begriffen, dass sein Bier von Dr. Oetker kommt und
er seinen Kollegen also mit Backmischung zuprostet.

Das Wissen um das Unrecht schärft das Bewusstsein.
Das wird als unangenehm empfunden, und zur Resedie-
rung dessen finden nicht wenige Deutsche Gefallen daran, wie der Hecht in Christian Morgensterns gleichna-
migem Gedicht »samt Frau und Sohn / am vegetarischen
Gedanken / moralisch sich emporzuranken«.

Warum auch nicht; solange keiner glaubt, damit schon irgendetwas politisch gewuppt zu haben, schadet es nichts, und von seinen Sinnen wie von seinem Verstand Gebrauch zu machen und diese damit zu entwickeln, ist allemal gut. Gewisse Kapriolen und Schwierigkeiten bei der Feinjustierung sind allerdings unvermeidlich, wenn der Vegetarismus mit Eifer betrieben wird. In einem Dortmunder Lokal trug sich Folgendes zu: Eine Kundin fragte den Wirt: »Ist Ihre Tomatensuppe vegetarisch?« Die Frage klingt dümmer, als sie ist; es gibt, wie es alles gibt, auch Tomatensuppe auf Fleischbrühebasis. Der Wirt, ein Mann mit Humor, gab zur Antwort: »Leider nicht. Da sind Fleischtomaten drin.« Worauf die Kundin bedauernd sagte: »Dann kann ich sie nicht essen«, fortging und im Nirwana des Guten und Richtigen verschwand.

Vom Essen kann man sich ernähren

Isabella Renitente

In Ihrem Elternhaus pflegte man die alten preußischen Tugenden, auch bei Tisch. Man aß schweigsam und zügig.

»Hände auf den Tisch!«

Selbstverständlich wurde erwartet, dass man seine Mahlzeit beendete, sobald der Appetit des Patriarchen befriedigt war. Der Rohrstock stand in der Spülküche, gleich hinter dem Kartoffeleimer.

»Wohl nich' jedient, wa?«

Gegessen wurde, was auf den Tisch kam, auch wenn es Graupensuppe war oder gut durchgebratenes Rindersteak mit polymerisiertem Fettrand, der sich an den Rändern immer ein wenig nach oben bog, oder Kochfisch mit Senfsoße. Kopfsalat mit einer Marinade aus gehackten Zwiebeln, Zitronensaft und Zucker, auch so ein Hit. Schmorbraten mit Funny-Klößen.

»Lieba een bisken mehr, aba dafür wat Jutet.«

Damals haben Sie gelernt, auch nahezu breiartige Speisen mindestens fünfhundertsiebenunddreißigmal zu kauen.

Frisches Obst wurde zu Kompott verarbeitet und zierte, mit maschinenschriftlichen Etiketten versehen, die Regale im Vorratskeller. Nach Größe, Jahrgang und Obstsorte sortiert. Die Etiketten alle auf gleicher Höhe. Das Kompott kam dann im übernächsten Winter auf den Tisch. Helles Kompott oder dunkles Kompott. Zum Teil noch mit Aroma. Die Vorratsregale wurden gern präsentiert, wenn Besucher durch das Haus geführt wurden. In den Jahren der Not hatte man Hamstern gelernt. Irgendwie steckte das noch in den Knochen.

»Der Mensch is so jebaut, det's der Kopp nicht uff die Knie haut.«

Süßigkeiten waren dem Patriarchen vorbehalten, der (vergeblich) versuchte, sich das Rauchen abzugewöhnen.

»Jelobt sei, wat hart macht.«

Über das Essen wurde nicht gemeckert. Jahrelang gehungert in schlechten Zeiten. Wie hatte man sich nach Pellkartoffeln mit Quark und Leinöl gesehnt. Wie schmerzlich hatte man das vermisst. Und dann das Wirtschaftswunder. Wie hatte man es gut jetzt. Konnte sich satt essen. Jeden Tag eine warme Mahlzeit. Sonntagsmorgens ein Frühstücksei und Schwartauer Brombeermarmelade auf Toast. Dazu gute Butter.

»Kind, iss deinen Teller auf!«

Wie heißt das Zauberwort? – Zack, zack!

»Vom Essen kann man sich ernähren«, pflegte Ihr Großvater zu sagen. Er hatte die Entbehrungen zweier Weltkriege erlebt. Köstlich der Muckefuck und die Stulle mit Butter und Salz. Oder Hähnchen aus dem Röhr mit Kartoffelkließla. Ihre Großmutter ritzte mit dem Messer immer ein Kreuz in die Kruste, bevor sie das Brot anschnitt. Reste wurden wiederverwertet. Unverdorbene Lebensmittel wegzuwerfen, das gab es nicht.

Mit fünfzehn wurden Sie zur Verfeinerung Ihrer Fremdsprachenkenntnisse für drei Wochen nach Südengland geschickt. Sie kamen mit einem Stapel Fotos, einigen neuen, nicht salonfähigen Ausdrücken und einer Vorliebe für Tee zurück, die sich bis heute gehalten hat. Ihr Vorschlag, Puddings in Zukunft rosa einzufärben und auf einem Bett von dottergelbem Gelee zu servieren, den Tag mit *Ham and Egg* zu beginnen und die Abendmahlzeit gemeinsam vor dem Elektrokamin auf dem Fußboden sitzend einzunehmen, wie Sie es bei Ihrer Gastfamilie erlebt hatten, wurde nicht aufgegriffen. Immerhin gab es nun ab und an Cornflakes mit Milch.

Mit der ersten eigenen Bude kam die große kulinarische Befreiung. Ihre Geschmacksknospen blühten auf. Nie wieder essen müssen, was Sie nicht mögen! Nie wieder Gulasch mit zerkochten Nudeln! Nie wieder bissfeste Rouladen mit Senf-Speck-Zwiebel-Füllung! Oder Forelle blau mit fünftausendachthundertneununddreißig Gräten! Fortan standen Fischstäbchen, Spaghetti mit Tomatensoße, Erbsensuppe aus der Tüte und Cola auf dem Speiseplan. Später dann Fertigpizza und Lambrusco aus der Literflasche. Zur Grundausstattung Ihrer Küche gehörten eine Teflonpfanne, ein Topf und ein Nudelsieb.

»Mirácoli!«

Wegen des kostengünstigen Sättigungsfaktors nahmen Sie schließlich Müsli und Vollkornbrot in Ihr Repertoire auf.

Mens sana in corpore sano. Um in der Mensa zu essen, braucht man einen gesunden Körper.

»Wie heißt der neue Mensakoch? – Izmir Übel!«

Mit der Erfindung der Nouvelle Cuisine wendete sich nach ein paar Semestern das Blatt. Man traf sich mit Freunden zum Essen und Debattieren auf hohem Niveau: *Mousse chaude de truite de rivière au coulis d'écrevisses, Quenelles de poisson, Sauté d'agneau de lait printanier, Poularde de Bresse au riz sauce suprême, Soufflé glacé aux cerises.* Selbstverständlich aß man nicht nur einfach Lamm, sondern *L'agneau trop salé.* Und man verarbeitete Bressehühner anstelle von Presshühnern aus der Tiefkühltruhe des Supermarktes. Zur Grundausstattung Ihrer Küche gehörten nun eine Bain-Marie und eine Sauteuse.

Das Frühstück krönten köstliche frische *Brioches,* figurfreundlich mit einer mittleren Menge Butter hergestellt: Fünfhundert Gramm feinstes Auszugsmehl, sieben Eier, fünfhundert Gramm erstklassige Süßrahmbutter. Je nach Jahreszeit und Temperatur ließ man dem Teig zehn bis zwölf Stunden Zeit zum Gehen: zwanzig bis dreißig Minuten für den Vorteig, fünf bis sechs Stunden für den ersten Teigballen, weitere fünf bis sechs Stunden für den Teig nach dem zweiten Abschlagen und ein letztes Gehen, sobald der Teig in der Backform lag. Die *Brioche* wurde noch leicht dampfend mit einem Hauch frischer Butter genossen. Dazu ein duftender *Café au lait.* Glücklicherweise fanden die relevanten Vorlesungen erst am späten Vormittag statt.

Mit dem Ende des Studiums kamen für das schnelle Businessfrühstück im Stehen vakuumverpackte Fertigcroissants und Baguettes zum Aufbacken auf den Markt. Der sportliche, kulturell interessierte, reisende Yuppie entdeckte die leichte mediterrane Küche. *Teste di funghi farcite, Insalata di bianchetti crudi, Risotto con punte di asparagi, Zupa del canavese, Coda di vitello in umido.*

»Subito!«

Und natürlich *Tiramisu*, das wiederbelebende, köstliche.

»Bittschön, prego!«

Insider trugen zum Anzug von Armani einen Hauch von Knoblauch. Und wo bislang Graslilien und Kakteen vor sich hin vegetierten, wucherten fortan Basilikum, Thymian, Oregano, Zitronenmelisse und Co. Zur Grundausstattung Ihrer Küche gehörten seitdem auch eine Nudelpresse, eine Espressokanne und ein Milchschäumer.

»Eine Frau ohne Bauch ist wie ein Himmel ohne Sterne.«

Als der orientalische Tanz in deutsche Wohnzimmer und Turnhallen einzog, verabschiedeten auch Sie sich von der Brigitte-Diät. Der stromlinienförmige Körper war nicht mehr gefragt. Die warme, weiche Frau war im Kommen. Man saß in männerloser Runde beisammen, trank Tee oder türkischen Mokka, rauchte Shisha, bemalte die Hände mit Henna, las aus dem Kaffeesatz und erzählte sich Geschichten in tausend und einer Nacht. Jede brachte eine Köstlichkeit für ein gemeinsames Essen mit. *Cacik, Imam bayildi, Yaprak dolmasi, Su böregi, Çoban salatasi, Havuç köftesi* und *Baklava*. Zur Grundausstattung Ihrer Küche gehörten nun auch ein Samowar und eine *cezve*, das türkische Kaffeekännchen.

»Zack!, sprach die Kalorie und saß auf der Hüfte.«

Wirklich toll sehen Bodywave und Arabesque mit einem BMI von 27 nicht aus. Der Ära orientalischer Genüsse folgte daher die zweite Körnerphase. Müsli, Möhrchen, Vollkornbrot, Gürkchen, Dinkelknäcke, Äpfelchen, Magerkäse, Selleriestangen, ölfreie Salate, dünne Süppchen und verdünnte Fruchtsäfte. Selbstverständlich zuckerfrei. Und jede Menge Haferkleie, damit der Körper sich daran erinnert, wie es sich anfühlt, satt zu sein. Zur Grundausstattung Ihrer Küche gehörten jetzt auch eine Diätwaage und eine Körnermühle.

Trennkost heiße das Gebot der Stunde, meinte Ihre Freundin dann. Mit *Trennkost* könnten Sie gesund genießen und spielerisch abnehmen, ganz ohne lästiges Kalorienzählen. Sie müssten nur Lebensmittel, die überwiegend eiweißreich sind, getrennt von solchen Lebensmitteln essen, die überwiegend kohlenhydratreich sind. Das heißt: Eiweiß mit Neutral kombinieren, Kohlenhydrat mit Neutral kombinieren, aber niemals Eiweiß mit Kohlenhydrat kombinieren. Also keine Lachsschnittchen, keine Pasta mit Meeresfrüchten, keine Pizza, kein Pflaumenkuchen mit Schlagsahne. Einen Monat lang hielten Sie das durch.

»Ommmmmmm!«

Dann wandten Sie sich der ayurvedischen Küche zu, um mit einer typgerechten Ernährung Ihre natürlichen Instinkte wiederzubeleben. Sie haben mit *Pitta* ein eher kraftvolles, dynamisches *Dosha*, das Hitze und Tatkraft erzeugt. Ist Ihr *Dosha* zu stark oder gestaut, werden Sie ärgerlich, ungeduldig oder aggressiv. Das einzige Ernährungsproblem, das Sie als *Pitta*-Frau kennen, ist ständiger, heftiger Hunger und üble Laune, wenn das Essen nicht schnell genug fertig ist. Die konstitutionsgerechte ayurvedische Ernährung gleicht die übermäßigen Eigenschaften aus und stellt dadurch das Gleichgewicht der *Doshas* wieder her. Die weniger ausgeprägten *Doshas* werden gestärkt, die dominanten werden gemindert. Süße Speisen schenken Ihnen ruhevolle Kraft und Gelassenheit, Chili und Ingwer hingegen regen Ihr *Dosha* an. Meiden sollten Sie Zitrusfrüchte, Tomaten, Milchprodukte, Fleisch, Kaffee und Alkohol. Sie lieben kräftiges, gewürztes Essen. Sie lieben Chili und Ingwer. Sie lieben Espresso, Cappuccino, Café au lait, Latte macchiato. Sie lieben Tomatensalat, Käse und Wein. Sie werden daher auch weiterhin heißhungrig und übellaunig sein.

Inzwischen sind Sie das, was man einen pescophilen, lactolabilen Sincarnier mit fructodominierter, ovotolerierter, mediterran inspirierter, ayurvedisch assoziierter Cerialappetenz nennt. Endlich dürfen Sie alles essen, was Spaß macht. Außer Fleisch. Oder Eiern. Fisch unter Hintanstellung von Bedenken. Kein Süßstoff, Geschmacksverstärker, künstliche Aromen, Farbstoffe, Kaffee, Alkohol, Zucker und Cholesterin. Wenig Salz und wenig Kalorien. Keine genmanipulierten Produkte. Wegen der Hitzewallungen keine scharfen Gewürze. Und mit Rücksicht auf Ihre Mandanten auch keinen Knoblauch. Obst und Gemüse nur aus kontrolliertem Anbau. Alles Bio oder was?

»Lieber 'ne Laus im Kohl als jar keen Fleisch.«

Da sind Sie völlig schmerzfrei. Nur Ihr Kater bekommt

ab und zu ein Paket von petconcept, mit nachwachsender Ökokatzenstreu und diesen appetitlichen, köstlich aromatischen, knusprig gegrillten, goldbraunen, freilaufenden Hähnchenstreifen aus biologischer Bodenhaltung.

Wo stand doch gleich die Bude mit den duftenden, krossen, fett-triefenden Broilern?

Von der Liebe

Martin Betz

Ich kaufe, weil ich Tiere liebe,
nur Fleisch vom Käfigzuchtbetriebe.
Doch Ökofleisch aus Bioschlachtung
verschmäht ein Tierfreund voll Verachtung.

Froh kreuzt ein Biotier die Wiese.
Zack! schlachtet man's! Das ist das Fiese.
Das Tier wird reinstem Glück entrissen –
vom Tode wollt's noch gar nichts wissen!

Doch seht das Käfigtier: Es leidet.
Wie gern es da von hinnen scheidet!
Dem Schlachter folgt es gern und willig,
und seine Schenkel schenkt's mir billig.

So kauf ich, weil ich Tiere liebe,
nur Fleisch vom Käfigzuchtbetriebe.

Is' keen Fleisch, is' Pute!

Maik Martschinkowsky

Die Grillsaison hat angefangen. Ich habe mich mit einigen Freunden getroffen, ein schönes Plätzchen ausgesucht und ein Bier geöffnet. Während die Kohle langsam Glut bekommt, bereite ich mich dann schon mal auf das vor, was spätestens beim Belegen des Grills passieren wird: Von irgendwoher schiebt sich ein dicker Lappen rohen, triefenden Steaks in mein Blickfeld, der dann so ein bisschen dort herumwackelt. Unterlegt wird das Ganze mit einem martialischen »FLAISCH! GAIL FLAISCH!«.

Das finde ich dann immer total witzig. So witzig, dass ich mich erst mal eine halbe Stunde auf dem Boden kugeln muss, um mich wieder einzukriegen, mein Gott, ist das witzig. Also nicht nur intelligent, sondern auch völlig unerwartet. Auf die Idee muss mal einer kommen. Und was hab ich mich erschrocken.

Wenn ich dann wieder kann, versuche ich dasselbe mit meinen Zucchini-Streifen nachzumachen, indem ich jemandem damit vor der Nase rumfummle und mit aufgerissenen Augen zische: »ZUCCHINI! HARHARHAR! ZUCCHINI!« Aber irgendwie kommt das nie so gut an.

Ich bin seit vierzehn Jahren Vegetarier, das macht bei durchschnittlich zwei dämlichen Kommentaren die Woche etwa eintausendvierhundertfünfundsechzig dämliche Kommentare bezüglich des Themenfeldes Fleischverzicht – Bemerkungen über die Beschaffenheit oder den Geschmack von Tofu nicht mitgezählt. Das Erstaunliche dabei ist, dass jeder einzelne dieser Kommentare mit einem Gesichtsausdruck innovativen Einfallsreichtums und der Gewissheit einer brillanten Pointe hervorgebracht wurde, obwohl sich Idee, Aussage und Form dieser Kommentare spätestens seit dem dritten Mal wiederholen.

Inzwischen habe ich mich daran gewöhnt und lach halt kurz mit, um niemanden vor den Kopf zu stoßen. Dann bekomme ich oft so etwas Schönes gesagt wie: »Ich find das total gut, dass du so ein toleranter Vegetarier bist und dich nicht für was Besseres hältst!«

Korrigiere: Als Vegetarier hält man sich nicht für was Besseres, man ist es. Und der einzige Grund, warum man möglicherweise irgendwann damit aufhört, passionierten Fleischfressern Vorhaltungen zu machen, ist der, dass man verstanden hat, dass eine höhere Ebene der moralisch-sozialen Erleuchtung nur durch Einsicht, nicht aber durch Zwang erreicht werden kann.

Ich hatte anfangs viel Hoffnung auf Argumente gesetzt und diese in – nicht von mir angezettelten – Diskussionen mit glühender Leidenschaft vorgetragen.

Inzwischen höre ich eigentlich gar nicht mehr wirklich hin, wenn mal wieder jemand so einen gewitzten Gesichtsausdruck auflegt und damit beginnt, den Standard-Phrasenbrei gegen Vegetarismus oder Veganismus in aller Einfallslosigkeit aus dem speckigen Bauch eines unreflektierten Allgemeinbestands niveauloser Stammtischphilosophie wiederzukäuen.

In dem Moment, wo ich sehe, dass jemand diesen »Jetzt bring ich den Vegetarier aber mal gehörig durcheinander«-Blick bekommt, sage ich:

»Moralische Entscheidung.

Vierzehn Jahre.

Ja, hat mir eigentlich auch gut geschmeckt.

Nein, gibt nicht die geringste Notwendigkeit, Fleisch zu essen, ist reiner Genuss.

Na ja, ich denke, ein Tier hat genauso wenig Interesse daran, gegessen zu werden wie wir auch.

Ja, aber damit rechtfertigst du dann in gewisser Weise Mord und Unterdrückung.

Aha, aber wo ist da der Unterschied zum Rassismus?

Jo. Allerdings galten früher zum Beispiel Sklaven nicht als Menschen. Hat sich auch geändert.

Nein, der Mensch ist kein reiner Fleischfresser, sondern Allesfresser – er kann sich quasi aussuchen, was er isst.

Wenn das was mit Evolution zu tun hätte, sähe das für dich jetzt aber auch nicht *so* gut aus.

Nein, das sind keine Lederschuhe.«

Daraufhin sagt der Karnivore dann in der Regel: »Also ich weiß auch nicht, aber es schmeckt mir einfach gut!«

Is' ja auch okay. Was soll ich dazu noch sagen? »Jetzt haste mich aber total durcheinandergebracht!«? Manchmal sag ich noch: »ZUCCHINI! HARHARHAR! ZUCCHINI!«

Es sind erstaunlich oft gerade gebildete Leute, die sich überaus fortschrittlich und emanzipiert geben, welche einem immer wieder so einen Fleischlappen vor die Nase halten und irgendwas erzählen von wegen »gibt ordentlich Tinte auf'n Füller.«

Fleischessen scheint eine Art Reservat für bedrohte Männlichkeitsstereotypen zu sein. Ich hab mit Bauarbeitern gegrillt, die einfach Platz für mein Gemüse gelassen haben, ohne sich durch ihre Wurst hervorzutun. Aber na gut. Muss ja jeder selber wissen.

Zurück zu Tisch. Der Vorstellung, auf Fleisch verzichten sei langweilig, möchte ich entgegensetzen, dass der Spaß, den sich die Leute erhoffen, wenn sie mir mit einem Kadaver-Lappen vor der Nase rumfuchteln, ganz auf meiner Seite ist. – In dem Moment, wo jemand gerade sein Kalbssteak in sich hineinfuttert und davon schwärmt, wie zart das doch sei, darauf einzusteigen und mit strahlenden Augen davon zu erzählen, wie die kleinen süßen Kälber unmittelbar nach der Geburt in genauso kleine, süße Kästchen gesteckt und durch Eisenmangel auf Blutarmut gesetzt werden, damit das Fleisch so schön zart bleibt, und wie sie dann total crazy kopfüber hängend den Bauch aufgeschlitzt bekommen; das Gesicht, das einen in dem Moment anschaut und sagt, man solle doch bitte nicht beim Essen darüber sprechen – das is' der Hammer. So guckt meinereiner nicht, wenn man mir davon erzählt, wie meine Karotte hinterhältig gezüchtet, brutal aus der Erde gerissen und mitleidlos geputzt wird.

Mein Name sei Hase – mir ist nicht alles Wurst.

Fleisch: ja!
Salat: nein!

Uli Hannemann

Keiner kann jetzt behaupten, ich hätte nicht schon immer davor gewarnt, Salat zu essen. Ich selber ging natürlich stets mit gutem Beispiel voran. Ich aß und esse keinen Salat. Niemals.

Schauen wir doch nur einmal: Wer isst denn in der Natur den Salat? Salat macht dumm (Hase, Meerschweinchen), Salat macht faul (Faultier, Orang-Utan), Salat macht böse (Nashorn, Hitler).

Bei allem Engagement kann ich mir durchaus zugute halten, nie von oben herab belehrend oder grob missionarisch agiert zu haben. Sah ich in einem Restaurant jemanden Salat essen, so zog ich ihm mit einem freundlichen Augenzwinkern, das ausdrücken sollte: »Ich halte dich für komplett verrückt und akzeptiere dich doch voll und ganz als menschenähnliche Persönlichkeit«, mit einem entschlossenen Ruck das Tellerchen weg.

Vor seinen Augen drehte ich dann den Teller mitsamt dem Inhalt um, zog einen großen Filzer aus der Tasche und machte ein dickes rotes Kreuz auf die Rückseite des zuvor so grausam missbrauchten Geschirrs. Mit dieser quasi zum Piktogramm gewordenen Geste dachte ich, auch diejenigen Menschen zu erreichen, die kein Deutsch sprechen. Anschließend beugte ich mich zum verdatterten Salatesser hinunter und sagte ihm ganz langsam, laut und deutlich ins Gesicht: »Fleisch: ja! Salat: nein!« Gab es Widerworte, so wiederholte ich einfach sehr viel lauter: »Fleisch: ja! Salat: nein!«

Leider blieb die Einsicht der Salatesser naturgemäß gering (Hase, Hitler). Sie zeterten, fluchten und drohten. Ich sah es ihnen nach, wusste ich doch, dass sie nicht anders konnten, da sie ja immerhin Salat gegessen hatten. Ein bisschen enttäuscht war ich freilich schon: Der Prophet gilt anscheinend nichts im eigenen Land. Aber gut, jetzt haben sie den Salat.

Salat macht nämlich auch krank (Mann, Frau, Kind). Ob die gemeine Gurke, die tödliche Tomate, der fiese Feldsalat oder die schlimme Sprosse: Sie alle können den gefährlichen Erreger EHEC enthalten, den Ekel-Husten-Erbrechens-Ceim. Fast alle Menschen, die in letzter Zeit Salat gegessen haben, werden irgendwann sterben – die einen jetzt, die anderen später. Das ist so sicher wie das Amen in der Kirche.

Doch von Genugtuung darüber, dass alle, die meine Warnungen hochmütig in den Wind geschlagen haben, nun endlich ihrer gerechten Strafe entgegengehen, bin ich weit entfernt. Dazu ist die Lage einfach zu ernst und vor allem auch mein Charakter viel zu gut. Jede niedrige Regung ist mir fremd.

Um meinen Charakter näher zu beschreiben, möchte ich es an dieser Stelle mal mit einem kleinen Bild versuchen: In einem riesigen und wunderschönen Land voll blühender fruchtbarer Wiesen, Felder und Wälder steht ein gewaltiges und wunderbares Schloss. Die Mauern sind fest, wehrhaft und zugleich doch schlank und schön. Die Dächer und Zinnen strahlen von Silber und Gold. Ställe, Gesindehäuser und Herrschaftsgebäude sind prachtvoll und sauber. Das ist mein Körper.

Das allerprächtigste Gebäude in der Mitte des Schlosses besitzt einen großartigen Turm. Der Turm ist unheimlich hoch, aber auch irgendwie absolut gut. Ein Hammerturm. Wenn man in dem tollen Turm, der übrigens mein Hals ist, die abartig schöne Wendeltreppe aus edlem Zimbelholz hochsteigt, kommt man schließlich in eine ganze Reihe prächtiger Säle und Gemächer. »Nanu?«, möchte mancher fragen. »Wie kann es sein, dass im schmalen Ende eines Turmes sich nebeneinander derart ausgedehnte Räume befinden?« Doch, das geht. Hier geht nämlich alles, denn, Fremder, du befindest dich nunmehr in meinem Kopf. In der Bibliothek stehen endlos lange Regalreihen, bis zur Decke vollgestopft mit Philosophiebüchern, Aufklärungscomics und tausendbändigen Lexika. Das ist mein Gehirn.

Und weiter geht es, vorbei an einer geräumigen und modernen Küche (meinem Appetit) und einem extrem sauberen Badezimmer (meiner Seele), bis ganz am Ende des Ganges zu einem unscheinbaren, kleinen Zimmerchen. Dort klopfen wir sacht, und weil keine Antwort kommt, öffnen wir die Tür vorsichtig einen Spalt. In der Mitte des Raumes sitzt im gleißenden Licht der Morgensonne ein wunderhübsches Burgfräulein an einem Spinnrad und wirkt Goldfäden in ein Gewand. Sie sitzt nur in Unterwäsche da, weil sie ihr Gewand ja gerade in Arbeit hat, doch es ist blickdichte und nicht zu knappe Sportunterwäsche, in der sie sich vor uns nicht zu schämen braucht, und das tut sie auch nicht. Ohne Scheu und mit lässigem Stolz sitzt sie da – aus dem geöffneten Fenster geht ihr Blick dabei weit über das herrliche Land, das (wer ahnt es nicht?) meine Wohnung am Hermannplatz ist. Dem Eindringling scheint sie nicht die geringste Beachtung zu schenken. Mit einer Stimme, die Zartheit und Reinheit mit einem Hauch dezenter Erotik verbindet, singt sie ein berührendes Lied über ein Rehkitz, das sich im Wald verlaufen hat und schließlich doch noch seine Mutter wiederfindet. Das Burgfräulein ist mein Charakter.

Doch zurück zum Thema. Nicht zufällig ist zwischen »Salat« und »Satan« nur jeweils ein Buchstabe verschieden und einer ausgetauscht. Zweimal die Eins nebeneinander macht elf. Die Elf wiederum gilt seit Millionen von Jahren als Symbol für Bedrohung, Leid und Gefahr. Elf-Null: die Nummer des Polizeinotrufs. Elf-Zwei: für Notarzt und Feuerwehr. Für die meisten Salatesser kommt die Hilfe zu spät.

Vom Fachmann für Fleischwarenkenner

Mark-Stefan Tietze

Auch wieder wahr

Als seine Frau sich auch nach wiederholtem Rufen partout nicht zu uns und zum Filetsteak an den gedeckten Tisch gesellte, wurde mein Freund Tobias rabiat: »Los jetzt, herkommen und essen! Wäsche aufhängen kannst du, wenn du tot bist!«

Slow Food

Wer findet, dass wir uns eigentlich mehr Zeit für unsere Nahrung nehmen müssten, dass die Speisezubereitung ein langer, kunstvoller Prozess sein sollte, dass das respektvolle Warten aufs Essen den anschließenden Genuss multipliziert und man erst dabei seine Sinne reifen und entwickeln lassen kann, der sollte unbedingt mal den *McDonald's* im Mainzer Hauptbahnhof aufsuchen.

Darum so beliebt

Die Banane ist ja eigentlich eine aus reinem Fruchtfleisch hergestellte Wurst.

Sushi

Neulich waren wir Sushi essen. Ich will mal so sagen: Hätte der Koch statt des grünen Meerrettichs einfach eine Soße aus Joghurt, Gurken und Knoblauch genommen, statt der mit Tang umhüllten Reisröllchen ausgebackene Pommes, statt der Ingwerscheiben Krautsalat und statt des rohen Fischs geschnetzeltes Fleisch vom Grillspieß – dann hätte mir das durchaus munden können, mnjam!

Zwischen Flower Power und dem Rio Osalla

Kersten Flenter

»What's so funny about peace, love and understanding?«
(Nick Lowe)

In Leipzig gibt es eine Kneipe namens *Flower Power*. Sie öffnet gegen 19 Uhr und schließt, wenn der letzte Gast gegangen ist, dies ist in der Regel am darauf folgenden Tag um die Mittagszeit. Das *Flower Power* ist der finale Treffpunkt der städtischen Szene. Wenn alles andere geschlossen hat, tummeln sich hier die Übriggebliebenen der Nacht oder die, die nicht richtig schlafen können, vielleicht, weil sie tagtäglich mit Tätigkeiten zu tun haben, die sie tun, obwohl sie sie nicht tun sollten oder wollten, und es verlangt nach mehreren Einheiten Absinth und Verbalmasturbation, um mit den Unzulänglichkeiten des eigenen Lebens fertig zu werden oder sie zumindest so weit zu verdrängen, dass man Schlaf findet.

Wann immer ich in Leipzig bin, besuche ich das *Flower Power*, weil ich direkt über dem Etablissement meine Schlafstelle zugeteilt bekomme. Man kann dort nämlich für fünf Euro die Nacht in einem schmucken Sechsbettzimmer übernachten, und das ist in der Regel der Kurs, den ich meinen Leipziger Freunden wert bin.

Bei einem meiner Versuche, müde zu werden, geriet ich im *Flower Power* an eine Dame, die sich bereits im Stadium versuchsdebiler Selbstentäußerung befand und mit Verve über ihre Festangestelltentätigkeit klagen musste. Sie war Redakteurin bei der Bild-Zeitung, »aber ich mach da nur wirklich nette Dinge wie Nachbarschaftshilfe und so ...«, und auf meinen Augenaufschlag hin hörte ich den Satz, der mir immer wieder bei den unterschiedlichsten Gelegenheiten aufstößt: »Ey, irgendwas muss man doch machen, ich habe ja schließlich Familie und so.« Mit diesem Satz rechtfertigen die Menschen fast alles: ihren miesen, schmierigen Job, ihre Kriege, ihre Fernsehsender und ihre schlechte Ernährung.

»Nein«, sagte ich, »muss man gar nicht.«

Auf diese Entgegnung war sie, scheint's, nicht gefasst, denn hiermit war das Gespräch beendet, und ich wandte mich wieder meiner Bezugsgruppe zu, um mich sogleich über die arme Kreatur in widerwärtiger Weise lustig zu machen.

Hier, wo ich jetzt sitze und bei einem frühen Kaffee über die notwendigen Kompromisse und unnötigen Anbiederungen in meinem Leben sinniere, fällt mir ein, wie arrogant mein Verhalten damals in dieser Nacht war. Es ist einfach, sich über Mitarbeiter der Bild-Zeitung lustig zu machen, obwohl diese das natürlich tagtäglich mit uns ebenso tun. Diesem Gedankenansatz folgend, halte ich es für richtig, mich einmal auf die andere Seite zu begeben.

Es ist leicht, sich über Menschen lustig zu machen, deren Utopien sich als Illusionen entpuppen. Aber wie armselig ist ein Leben, das nicht einmal versucht, seine Träume erfüllt zu bekommen? Ein Freund von mir lästert mit Vorliebe und Genugtuung über Leute, die sich gesund ernähren. Auch dies ist billig, denn Leute, die sich gesund ernähren wollen und nicht müssen, neigen in hämischen Auseinandersetzungen dazu, körperliche Gewalt zu vermeiden, denn sie lieben ihr Leben, wollen es erhalten, und folglich riskieren sie keine Schlägerei, besonders nicht mit meinem Freund, der es durch jahrelanges Dönerbudentraining zu einer beachtlichen Anzahl an Körperfetten gebracht hat, die ihn aussehen lassen wie ein Mitglied des hannoverschen Hell's Angels Chapters ohne Tattoo.

Aber meine Gedanken schweifen ab, das kann an dem frühen Wein liegen, den ich hier in diesem Haus am Abgrund gern morgens vor dem Aufstehen zu mir nehme. Ich wollte über gesunde Ernährung sprechen, noch genauer, ich wollte über gesunde Ernährung in Bezug auf Speisen mit Migrationshintergrund reden. Also los.

Mein Freund Mario, Halbitaliener, sagte mir schon in frühen Jahren, dass man Eisdielen, die mit dem Slogan »hausgemachte italienische Eiskrem« werben, lieber meiden sollte. Wir neigen dazu, das, was wir unter »südländischem Flair« verstehen, zu romantisieren und ethnische Feinheiten zu ignorieren. Wir wissen, dass die meisten Pizzerien von Albanern oder Türken betrieben werden. Im Urlaub erstehen wir zwanzig Liter Olivenöl vom Originalkleinbauernerzeuger, den Liter zu sechzig Euro, aber echt extra extra extra extra vergine vergine, ganz ursprünglich und echt. Wenn wir dabei mal einen Blick hinter die Garage werfen würden, in dem diese ursprünglichen Erzeuger ihren Käse, Wein und ihr Olivenöl lagern, sähen wir die Stapel von Pestizidfässern, die diese Kleinbauern Tag für Tag über ihr ursprüngliches Land auskippen, aber dies ist ein Teil unseres Bewusstseins, den wir gerade auf Reisen gerne ausklammern. Leicht würde der toskanische Agritourismo dann in Aggro-Tourismus umschlagen, und die Erholung wäre dahin.

Sich ethisch und ethnisch korrekt zu ernähren, ist also kein Kindergeburtstag, wie mein Schwager zu sagen pflegt, sondern ein ernstes Thema, und deshalb muss ich meinen Freund, der ständig über »Ökos« und »Bio-Wahn« lästert, mal gehörig in den kleinbürgerlichen Witze-Schritt greifen. Er nämlich findet sein nervtötendes Gestammel auf RTL2-Niveau selbst voll reflektiert und *anti-peecee*. Na, leck mich!

Die großkotzige Attitüde, politisch unkorrekt zu sein, verschleiert in der Regel nur die jämmerliche Tatsache, keine Haltung zu haben. Was ist so lustig an den Lebensumständen, unter denen Schweine und Hühner tagtäglich leiden müssen, um unsere fetten Jahre zu sichern?

Manche versuchen noch zu argumentieren: »Ich würde ja auch gerne Bio-Produkte kaufen, aber das kann ich mir einfach nicht leisten.« Dieses Argument kommt in neunzig Prozent aller Fälle von Leuten, die hundertfünfzig Euro im Monat für Zigaretten ausgeben oder vierhundert Euro Leasingrate für den Audi abdrücken. Es ist

Ausdruck des erbärmlichen Mittelmaßes derer, die sich in ihrer Bequemlichkeit eingenistet haben.

Aber um sich diesem Dilemma nicht stellen zu müssen, macht sich mein Freund über Leute lustig, die Lebensmittel in Bio-Läden kaufen. Meistens zieht er gleich in einem Rundumschlag über Menschen her, die in Dritte-Welt-Läden kaufen, die so blöd sind, am Anfang des dritten Jahrtausends immer noch darauf hinzuweisen, dass Kernkraftwerke eine Gefahr darstellen – gut, das war vor Fukushima –, oder gegen diejenigen, die sich bei Attac engagieren. Alles *eine* alternative Soße. Don Quichotes des Globalisierungszeitalters. Spinner, die niemand ernst nimmt, und der Spott darüber füllt CDs, Zeitungsartikel und Fernsehsendungen.

Ich frage mich, wo der Sarkasmus unserer Berufsspötter bleibt, wenn zum x-ten Mal in einer Woche die unerträgliche Hackfresse eines Hans-Olaf Henkel durch eine Talkshow flirrt? Diesen Spinner lässt man ausreden, versucht, ihm mit Argumenten zu begegnen, anstatt ihm einfach, um mit den Worten meines Schwagers zu sprechen, zu zeigen, wo der Maurer das Loch gelassen hat.

Warum richtet sich unsere Häme nicht endlich gegen diejenigen, die uns tagtäglich mit neuer Sprachgrütze überschütten, die sich immer neue Begriffe ausdenken, um uns noch das allerletzte überflüssige Plastikprodukt als innovative Errungenschaft zu verkaufen? Wie können Leute nachts schlafen, die sich tagsüber Begriffe wie »Outdoor-Regenschirm« oder »Bio-Milch« ausdenken? Welche Drogen muss man nehmen, um sich Farbbezeichnungen für Volkswagenmodelle auszudenken?

Was geht nur vor in diesen Jungs, die an ihren Laptops auf irgendwelchen spanischen Fincas sitzen und sich um die Mittagszeit bei gekühltem Weißwein und Bio-Cannabis innerhalb von dreißig Sekunden den Claim für die nächste Fünfzig-Millionen-Werbekampagne von Renault aus dem Kopfglibber saugen? Frederic Beigbeder schreibt dann noch schnell einen Bestseller darüber, und wir nicken das Ganze ab.

Ich muss jetzt Schluss machen. Von drüben aus dem Haupthaus kommt Mollo herüber und bringt mir neuen Vorrat an Wein, Käse, Milch und Honig. Alles aus eigener Produktion, ohne chemische Zusätze in Dünger oder Tierfutter hergestellt. Von meiner Terrasse aus sehe ich die Weinberge und Olivenhaine, die Ziegen, Rinder, Bienenstöcke und die Hühner, die meine Frühstückseier legen.

Der Wein heißt Rotwein und nicht Bio-Wein, der Käse heißt Ziegenkäse und nicht Bio-Käse, der Honig heißt Honig, die Milch heißt Milch und die Eier heißen Hühnereier.

Dieses Rundhaus auf Mollos Farm am Rio Osalla, der weiter unten in die Tyrrhenische See mündet, ist meine zweite Heimat geworden. Von der hinteren Terrasse schweift der Blick von den Bergen durch das Tal über den Fluss bis hin zum Meer, über dem gerade ein grandioser Sonnenaufgang zu sehen ist. Nachts hört man die Käuze und Frösche, im Sommer auch Grillen, und morgens wecken mich zwei Hähne, vier Hunde und elf Katzen.

Es geht mir gut hier, in der Caletta di Osalla auf Sardinien. Ich ernähre mich gesund und biologisch korrekt. Nur manchmal schlage ich über die Stränge und betrinke mich sinnlos, so wie gestern Abend, nachdem ich der Fernsehredaktion meinen Text für die Moderation der nächsten Samstagabend-Show Florian Silbereisens gemailt hatte. Irgendwas muss man ja machen, oder?

Zwiegespräche mit Gott – heute: Proteine

Ahne

Ahne: Na Gott.

Gott: Na.

Ahne: Na, in' *Schustajungen* kamman übrijens imma noch jehn, Gott. Is imma noch lecka da.

Gott: Ick dachte, du würdist zu Hause essen, wejen die Familje.

Ahne: Ab und zu, Gott. Ab und zu. Aba ick dürf ja zu Hause keene Blutwurst kochen. Da würd den Kindan imma schlecht von.

Gott: Sind eure Kinda etwa Wegetarija?

Ahne: Nur die Kleene. Oda jedenfalls wär si 't jerne. Die fragt imma, ob in die Wurst ooch Fleisch mit drin is. Und erst wenn wa ihr hochheilich vasichan, dit da keen Fleisch mit drin is, isst si 't ooch.

Gott: Seid ihr fies!

Ahne: Wir wolln, Gott, dit aus ihr ma wat würd. Deswejen achten wa uff eine rundum ausjewogene Anährung. Viel Jemüse, früschit Obst, Brot mit Körnan ...

Gott: Und Würstchin.

Ahne: Andrit Fleisch isst se nun ma nich. Und dit bloß, weil se an Weihnachten bei Oma in' Ofen 'ne brutzilnde Gans jesehn hat, eenma.

Gott: Findick jut, dit se mit die Tiere fühlt. So sollte dit einklich bei euch alle sein. Einklich solltita nämich allesamt euch anährn, von dit, wat uffin Bäumen wächst oda unta de Erde oda wat runtajefallen is und in' Gras liecht, ähnlichit.

Ahne: Hättste wohl jerne, wa? Damit du dir hier die knusprigen Braten janz alleene inne Röhre schieben kannst, inne Speiseröhre.

Gott: Ick ess' lediglich Fleisch, wennit nich andas jeht, Sportsfreund.

Ahne: Du meinst, wenn de Appetit druff hast? Is bei uns haarjenau so, Gott. Ick ess ooch manchma 'n schönen Gurkensalat. Oda Zwiebiln. Oda Rote Bete. Oda ... Wie würdist du einklich Rote Bete schreiben, Gott?

Gott: Groß.

Ahne: Nee, ick mein ...

Gott: Und außinanda, selbstvaständlich.

Ahne: Nee, ick mein, ob de dit Bete von Rote Bete mit eenen E oda mit zwee E schreiben würdist.

Gott: Mit zwee.

Ahne: Siehste! Dit is nämich falsch, Gott.

Gott: Janich.

Ahne: Doch.

Gott: Janich.

Ahne: Doch. Wohl. Dit Bete, dit kommt nämich janich von den Beet her, wo man wat hinpflanzen kann, sondan dit Bete von Rote Bete, ja, dit kommt von die Knollen von die Pflanze. Die heißen nämich Bete und die wärn B, E, T, E jeschrieben.

Gott: Siehste.

Ahne: Wat heißt hier siehste?!

Gott: B, E, T, E. Wie ville E sind da wohl enthalten? Zähl janz in Ruhe nach.

Ahne: Ach, so meinst du dit!

Gott: Du hast jefragt, oppick dit Bete von Rote Bete mit eenen E oda mit zwee E schreiben würde, woruffhin ick dir die korrekte Antwort jejeben hab. Wat is daran misszuvastehn?

Ahne: Ick dachte ... ville schreiben dit nämich vorne mit zwee E.

Gott: Statt den R?

Ahne: Nee, bei Bete.

Gott: Statt den B?

Ahne: Willste mir jetz in den Wahnsinn treiben, Gott?

Gott: Ick will, dit ihr nich so ville Fleisch esst, vadammt nochma!

Ahne: Denn pupen wa aba mehr, Gott. Denn würd der Klimawandil noch extrema. Als nämich die Indjana, ja, von Asjen nach Amerika rübajewandat sind, da ham die nämich inna Folge die janzen großen Pflanzenfressa da ausjerottit. Mammuts, Riesennashörna, Riesenfaultiere, Riesenhamsta undsoweita undsoweita, dit wimmilte ja in Amerika, bevor die Rothäute ufftauchten, vor pflanzenfressenden Riesenviechan.

Gott: Wem azählste dit.

Ahne: Und merke, als die alle ausjerottit warn, Riesenmäuse, Riesenesel, dit janze Jelumpe, da hat nämich, Simsalabim, 'ne kleene Kaltzeit einjesetzt uff Mutti Erde. Weil nämich dit Pupen von die Riesenviecha jefehlt hat, darum.

Gott: Haste ma munta druffloskombiniert, ja?

Ahne: Wissentschaftla, Gott. Wissentschaftla ham dit aforscht.

Gott: Ick lass dit einfach ma so stehn.

Ahne: Wat bleibt dir ooch Walta Ulbricht, wa Gott?

Gott: Nun, ick könnte ...

Ahne: Uff jeden Fall bin ick dafür, dit wa diesma mit unsre Natur vaantwortungsbewussta umjehn als damals die Indjana. Wir wissen ja heute 'ne janze Menge mehr. Und diesit Wissen, ja, dit könn' wa ooch nutzen. Wir könn' den Klimawandil abschwächen, Gott, indem wa einfach mehr Fleisch essen. Kann natühlich nur een Puzzilteil sein, von eina janzen Reihe von Punkten, dit is mir schon klah. Sicha müssen wa außadem ooch uff dit ein oda andire Auto vazichten oda ma 'n Baum pflanzen oda so, aba ürgendwo muss man schließlich anfang'.

Gott: Hmm. Zun Glück pupen die Tiere, die ihr euch zum Fressen züchtit, nich janz so dolle, wa?

Ahne: Wenn se tot sind nich, nee. Tschüss Gott.

Gott: Tschüss du.

Ahne: Ach, Gott?

Gott: Ja?

Ahne: Ick hätt ma noch 'ne kleene Bitte. Und zwah, könntiste einfach ma so jut sein, ja, und unsra kleenen Tochta nich varaten, dit in so 'ne Wurst, dit da 'n bisschen Fleisch mit drin is?

Gott: Deine Tochta gloobt mir doch sowieso nich. Dit, zumindist, hattse von dir.

Waidmannsheil

Heiko Werning

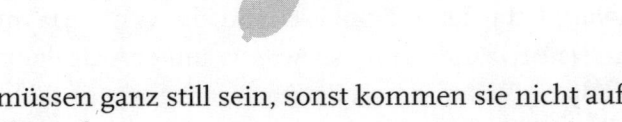

»Wir müssen ganz still sein, sonst kommen sie nicht auf die Lichtung!«

Mein Vater instruierte mich eindringlich. Es war eine schwere Prüfung. Ewig hatte ich darum gebettelt, dass er mich einmal mitnehmen würde auf einen Ansitz. Nun endlich war es so weit, pünktlich zu meinem zehnten Geburtstag. Was für ein Abenteuer! Wir waren gemeinsam ein ganzes Stück durch den Wald gegangen, bis wir am Hochsitz ankamen. Ich fühlte mich ein wenig unwohl, als wir dort hochkletterten. Ich war latent höhenängstlich, wollte mir aber nichts anmerken lassen. Ich misstraute der wackeligen Holzleiter, aber sie hielt, und als wir erst einmal oben waren, fühlte ich mich sicher. Mein Vater hatte mir eines seiner guten Zeiss-Ferngläser geliehen, im echten Waidmannsgrün, und nun saßen wir also auf der Holzbank und starrten auf die Lichtung vor uns. Wie Theaterbesucher, die darauf warteten, dass die Akteure endlich die Bühne betreten. Aber es war eine echte Geduldsprobe. Keines der erhofften Wildschweine ließ sich blicken, erst recht natürlich kein Fuchs, auf den ich insgeheim gehofft hatte. Aber den sah ja selbst mein Vater nur ein paarmal im Jahr, und der war an jedem Wochenende hier draußen. Genau genommen passierte überhaupt nichts. Es wäre spannender gewesen, auf den Kreisverkehr am Ludgeriplatz in der Innenstadt von Münster zu schauen, denn da saßen wenigstens immer einige Karnickel auf dem bisschen Grün. Ganz zu schweigen von den Autos, die mir plötzlich als ein großartiges Unterhaltungsprogramm erschienen. Hier im Wald herrschte die vollständige Ereignislosigkeit. Man durfte nichts sagen, nicht einmal flüstern, und bewegen sollte man sich auch nicht. Mein Vater verbrachte jedes Wochenende hier. Warum bloß, begann ich mich allmählich zu fragen. »Ist es nicht herrlich?«, raunte er mir leise zu. Ich schaute ihn verwirrt an. Vielleicht lief die Ehe meiner Eltern doch nicht so glatt, wie ich immer angenommen hatte, ging es mir durch den Kopf. Er jedenfalls wirkte sehr glücklich und zufrieden, wie er so schweigend und starr dasaß und seinen Blick über die leere Lichtung streifen ließ. Es dämmerte allmählich. Ich wurde unruhig.

»Da!«, flüsterte mein Vater plötzlich und deutete auf einen Waldabschnitt, an dem ich nichts Auffälliges erkennen konnte. Trotzdem nestelte ich aufgeregt an dem Fernglas, drehte hektisch an den Rädchen, stutzte, und da, tatsächlich: Da bewegte sich etwas zwischen den Bäumen, undeutlich sah ich einen Schemen zwischen den Büschen, dann raschelte und krachte es plötzlich, und mit einem Mal stand ein prächtiger Rehbock auf der Lichtung und begann zu äsen. Fieberhaft drehte ich an den Rädchen, um ihn so scharf wie möglich einzustellen. Wie schön er war! Majestätisch trug er sein Geweih. »Ein Sechsender!«, raunte mein Vater mir zu, es raschelte wie-

der etwas, drei Ricken traten dazu, ich blickte ehrfurchts-
voll auf die Szenerie. Natürlich hatte ich schon Rehe gesehen, am Straßenrand, vom Auto aus auf den Äckern, im
Wildgehege. Aber hier war es etwas anderes, das waren
richtig echte wilde Tiere, frei lebend, mitten in ihrem natürlichen Biotop, wie erhaben sie durch das Gras strichen!

Der Knall war weniger laut, als ich ihn mir vorgestellt
hatte. Durch das Fernglas sah ich, wie die Ricken in hohen Sprüngen wieder in den Wald verschwanden, der
prächtige Sechsender machte ebenfalls einen Satz auf
das Gebüsch zu, hielt inne, wirkte unsicher, dann sank
er wie in Zeitlupe zusammen. Evi, unser Deutsch-Draht-
haar, bellte aufgeregt, mein Vater knurrte zufrieden. Ein
sauberer Treffer. Wir kletterten vom Hochsitz, Evi führte
uns über die Lichtung zum Tatort, der Bock lag da im
hohen Gras. Das blutige Rinnsal, das aus seinem Maul
floss, deutete an, dass er es hinter sich hatte, und dann
sah ich auch das Einschussloch, ein kleiner Krater, aus
dem Schwaden in die kühle Abendluft dampfte.

Mit einem Messer stach mein Vater in das Herz des
Bocks, ein großer Schwall Blut trat aus, vor allem, als er
ihn an den Hinterbeinen packte und hochhielt. Das Blut
floss noch eine Weile, erst ein größerer Strom, dann nur
noch ein Rinnsal, schließlich tropfte es nur noch mäßig,
auch, als er das Tier kräftig schüttelte, dann warf er es
über seine Schulter und wir gingen zurück zum Wagen.
Dort kam der Bock in eine Plastikwanne im Kofferraum,
mein Vater zog seine blutigen Stiefel aus, und wir fuh-
ren zurück nach Hause. In der Garage wurde der Bock
an den Hinterbeinen an einer eigens dafür angebrachten

Stange aufgehängt, gleich neben drei Wildenten, die er am Morgen schon erlegt und die zu rupfen meine Mutter noch nicht die Gelegenheit gefunden hatte.

Mit einem kräftigen Schnitt schlitzte er dem Tier nun die gesamte Bauchseite auf, er versenkte seinen Arm tief in den Bauchraum des Schalenwilds, und mit einem großen, flubbernden Geräuch glibschten allerlei mehr oder weniger wabbelige Organe nach draußen, die kurz dampfend in der kalten Luft baumelten, bevor mein Vater sie mit weiteren Schnitten an ihren Verankerungen löste, sodass sie unter glucksenden Geräuschen in die Wanne fielen. Es roch nicht gut, aber nach getaner Arbeit konnten wir nun ins Haus gehen. Um die Weiterverarbeitung würde sich meine Mutter am nächsten Tag kümmern.

Ich war immer noch sehr aufgeregt. Wir hatten einen Rehbock getroffen. Ich war sehr glücklich über meinen ersten eigenen Jagdausflug.

Am nächsten Tag erzählte ich Stefan von meinem Abenteuer. Er glaubte mir nicht und wollte den Bock sehen. Ich führte ihn in unsere Garage und präsentierte ihn stolz, wie er so dahing. Aufgeschlitzt und ausgeräumt, die Augen gebrochen, der Körper ganz steif. Stefan wurde blass und wandte sich ab. »Was hast du denn?«, fragte ich erstaunt. Aber er schloss die Augen, drehte sich weg und atmete heftig. Besorgt wandte ich mich ihm zu. Allmählich schien er sich zu beruhigen, er öffnete die Augen wieder – und blickte mitten hinein in die Plastikwanne mit dem Gedärm und den Organen, die dort im leicht angedickten Blut lagen. Er erbrach sich in die Wanne und begann zu weinen. »Nicht so schlimm«, tröstete ich ihn,

»meine Eltern mögen keine Innereien, die kriegt immer bloß der Hund«.

Aber diese Information beruhigte Stefan keineswegs. Er wollte sofort weg, ins Haus, sich erst einmal das Gesicht abwaschen. Wir gingen in die Küche. Meine Mutter begrüßte uns freudestrahlend. In der einen Hand hielt sie ein blutiges Messer, in der anderen eine aufgeschlitzte, nackte Ente, die eindrücklich demonstrierte, woher der Begriff Gänsehaut stammt, irgendwelche undefinierbaren blutigen Bällchen baumelten aus dem Rumpf des Tieres heraus. Die Arme meiner Mutter waren rot verschmiert, reichlich Federn klebten daran, die in der trocknenden Flüssigkeit mit ihrer Haut verkrustet waren. Sie lachte meinen Freund an: »Stefan! Wie schön! Wollt ihr was trinken? Ich mach euch einen Kakao!« Stefans Gesicht aber war zu einer entsetzten Fratze verzerrt, er starrte meine Mutter mit einem Ausdruck zwischen Ekel und Angst an, sie legte den Entenleichnam auf der Anrichte ab, dabei flutschte irgendetwas aus dem Inneren auf den Boden und platschte dumpf auf die Küchenfliesen. Stefan übergab sich ein zweites Mal. »Junge, was ist denn?«, fragte meine Mutter besorgt und wollte ihn tröstend mit ihren blut- und federverschmierten Armen umfangen. Stefan schrie entsetzt auf und rannte nach draußen. »Was hat er denn?«, fragte mich meine Mutter verwundert. Ich zuckte ratlos mit den Schultern.

Die Innereien des Rehbocks haben Evi noch gut geschmeckt, sie mussten nur einmal im Küchensieb gründlich unter laufendem Wasser von den angedauten Brötchenstücken von Stefans Frühstück getrennt werden. Nur Stefan weigerte sich fortan, mich zu Hause zu besuchen, ja, überhaupt war er mir gegenüber regelrecht reserviert. Ich suchte das Gespräch und fragte, was los sei. »Ihr Mörder!«, zischte er mir in der großen Pause zu. »Ihr seid doch voll pervers! Die armen Tiere!« Ich schaute ihn fassungslos an. »Lass mich bloß in Ruhe, du Tiermörder, mit dir will ich nichts mehr zu tun haben«, stieß er mir noch entgegen, bevor er sich abwandte und herzhaft in sein Leberwurstbrot biss.

Fleisch!

Toni Mahoni

Nur die allerstärksten Mägen
Trauen beim Kauen sich zu erwägen
Dass die ganzen Köstlichkeiten
Tiere waren zu andern Zeiten

Das Pfingstfest rückte heran, erste Anmeldungen für Prollwitz flatterten bei Felix rein. Fast der gesamte Berliner Chaotenklub freute sich auf drei angeblich entspannte Tage auf dem Land. Angenehme Badestunden, kühle Biere und jede Menge Gegrilltes waren Aussichten, die einen lockten.

Da kam mir die Idee. Ich rief Manni in Prollwitz an, um ihm davon zu erzählen.

»Schlachtefest?« Manni klang sofort abgeneigt. »Nee, doch nich, wennt so heiß is, dat kannst in Herbst tun, kannst dat, nich wennt so heiß is nich!«

»Aber wieso denn? Wir essen doch alles weg auf der Stelle! Da kommen bestimmt dreißig bis vierzig Leute aus Berlin diesmal, die grillen doch da eh immer 'n halbet Schwein weg.«

Manni schnaufte. »Ja dat kost aber auch 'ne Ecke wat.«

»Wie viel denn unjefähr?«

»Schwein bei zwei Zentner krichst nich unter zweihun-

dert, und der Metzger kost dich auch noch hundert mindestens, nich!«

»Na denn machen wa doch dit allet selber. Holste nur
dit Schwein, Wurst machen wa alleene.«

»Jut, tschö, Toni, rufste an denn morjen oder so!«

»O. k., machet jut, Manni!«

Zweihundert Euro für hundert Kilo Schwein! Das is
doch 'n Schnäppchen, und mit Mannis Landmanner-
fahrung ist allet im Nu zu grillfertigen Nackensteaks,
Koteletts und Schnitzeln verarbeitet! Sülze! Leber und
Blutwurst und vor allem Bockwürste! Ich geriet in Blut-
rausch, in Wursttaumel. Zweihundert Euro gaben wir
sonst eh für die Mengen an Grillfleisch aus, die an so einem Pfingstwochenende verdrückt wurden. Ich begann
herumzutelefonieren, um die Kohle einzutreiben.

Am übernächsten Abend meldete Manni sich. »So,
Toni, ick hab die Sau.«

»Wat, ehrlich? Is ja super! Denn könn wa ja loslegen
Freitach!«

»Ja«, sagte Manni.

»Wat los? War teuer?« Manni hörte sich geknickt an.

»Nee, normaler Preis hier bein Bauern jejenüber. Der
hat die Sau verkooft an mich, hatter. Die kommt zweieinhalb Zentner, hatter zweihundertfuffzich für jenommen
für die Sau.«

»Und is wat nich in Ordnung, Manni, du wirkst so, äh,
jeknickt?«

»Nö, nö, die Sau jehts jut, die rennt hier rum auffa Wiese.«

Ich schluckte unwillkürlich.

»Die rennt rum, die Sau? Die lebt noch? Ick dachte ...
ick dachte, man holt die so in Hälften ab oder so. Nich?«

»Nee.«

»Ach.«

»Jor. Nu isse hier, die Sau. Nu könnt kommen und doot-
machen und wegschlachten, allet.«

»Ach.«

Ich wusste nicht viel mehr zu sagen und verabschiedete
mich. Irritiert ließ ich die Beine vom Küchentisch bau-
meln, auf dem ich hockte. An ein lebendes Schwein hatte
ich nicht gedacht.

Keine Ahnung, wieso. Alles schien klar mit einem Mal.
Ob es schon einen Namen hatte? Wie alt war es? Fühlte
es sich jetzt wohl auf der Wiese in Prollwitz? Ich schlapp-
te rüber in unser Zimmer und tippte der computerspie-
lenden Peggy auf die Schulter. »Hm. Wat los?«, fragte sie,
ohne aus ihrem Kampfjet auszusteigen.

»Ick gloob, ick hab Mist jebaut, Peggy.«

»Echt? Wat denn?«

»Also ick wollte 'n Schlachtefest machen in Prollwitz,
Pfingsten jetzte.«

»Oh, fantastisch!«, summte die kleine Vegetarierin.

»Und hab bei Manni 'n Schwein bestellt.«

»Toll!«

»Jetzt rief er an und sagte, dasset noch lebt. Steht da
uffde Wiese und is quietschvergnügt.«

»Und?« Sie sah mich verständnislos an.

»Na, et lebt noch!«

»Dit hat Schlachten so an sich, dass erst wat lebt und
denn zerhackt wird.«

»Ick dachte aber, wir machen Wurst und grillen und so. Nich 'n Blutbad. Ick gloobe, dit kann ick nich.« Ich zuckte bei dem Gedanken. Wie tötet man überhaupt so ein Schwein? Peggy setzte sich neben mich und berührte meinen Arm.

»Siehste, Mahoni, jetzt haste die Wahl. Du musst töten, um dein ollet Fleisch zu essen. Oder du lässet bleiben und futterst 'ne schöne Gurke. Das ist einfach die Entscheidung, die sie euch abnehmen, die großen Fabriken, die Massentierhaltung, die glitzernde Fleischthekenwelt, die Werbung. Nie sieht man in der Werbung, wie die Schweine abgeschlachtet werden. Man sieht nur Produkte, Produkte, Produkte. Und ihr Fleischfresser stopft alles in euch rein, macht Witze über Vegetarier und haltet euch für starke Krieger. Aber einmal einem denkenden Wesen in die Augen sehen und es abstechen, um es zu fressen, und schon isset vorbei mit dem Heldenmut! Da habt ihr Angst. Und dann macht ihr einfach weiter. Obwohl ihr wisst, ihr könnt es nicht, fresst ihr weiter Tiere, ohne zu wissen, wie sie aussahen, wo sie herkamen, wer ihre Mörder waren. Ihr fresst einfach die Produkte einer riesigen Mörderindustrie! Und zu Hause streichelt ihr eure Kaninchen und seid zu feige, ein verdammtes Schwein zu killen!«

Peggy war aufgestanden und gestikulierte herum.

»Nu scher mich doch bitte nich mit allen Fleischfressern über een Kamm! Ick wollte dir von meinem janz persönlichen Dilemma erzählen, nich über die janz große Scheiße reden. Ick koof ja nu schon extra Biokacke, ick mach ja und tu!« Ich drückte die Kippe aus und schnappte mir eine neue.

»Dit is aber immer die janz große Scheiße! Jenau darum jehts doch! Um allet jeht dit. Immer. Um konsequentet Verhalten! Man muss sich wehren gegen die große Scheiße, sonst wird man selbst 'n Teil davon! Und Biofleisch hat ooch mal jelebt!«

»Du hast ja recht«, gab ich zu. »Aber andrerseits zwingste mich jetzt geradezu, dit Schwein zu schlachten! Du gloobst doch nich, dass ick jetzt wegen dieser Sache für immer uff Fleisch verzichte.«

Peggy nickte. Sie setzte sich wieder und streichelte meine Hand.

»Überleg's dir ...« Sie fuhr mit den Fingern über meinen Handrücken.

»Noch klebt kein Blut an diesen Händen ...«

»Also weeßte!« Ich löste meine Hand aus ihrer und schmollte in die andere Richtung. Dann muss das Schwein eben dran glauben.

Wie viel Schweine hatte ich wohl schon gegessen in meinem Leben? Auf eins im Jahr kam ich bestimmt. Zwanzig, dreißig Schweine waren schon durch meinen Körper gewandert und ebenso viele sollten mindestens noch folgen, wenn alles klappte.

Sollte diese Sache hier die Berechtigungsprüfung sein, dann musste ich tun, was zu tun war.

»Na, wir werden sehen, was passiert. Das Schwein ist dort, wir fahren hin und der Rest muss sich zeigen.«

Peggy zog den Bademantel fest um sich.

Ich frühstückte alleine und dachte daran, dass alle Freunde von mir instruiert worden waren, kein Fleisch mit nach

Prollwitz zu bringen, da ich ein Schwein besorgt hatte. Vielleicht sollte ich sie anrufen und ihnen die Lage noch einmal neu erklären. Gute Nachricht: Schwein ist da. Schlechte Nachricht: Wir müssen's noch töten. Etwas in mir entschied sich dagegen und für einen weiteren Kaffee.

Dann rief Felix an. Felix rief selten an, er ist nicht gerade als Quatschtante verschrien.

»Ich hab hier 'n Schwein aufm Hof, Mahoni«, sagte er trocken.

Ich grunzte.

»Hab gehört, es ist dein Schwein. Ziemlich niedlich.«

»Ja, Felix, ick wusste nich, dass Manni 'n lebendet Schwein besorgt. Ick hatte nur dit Fleisch im Kopp, bin grad so uff 'nem Bockwurstfilm.«

»Manni hat gesagt, du willst selber schlachten.«

»Hat er das?« Ich schloss die Augen.

»Is echt 'n süßes Schwein. Total zutraulich.«

»O nein!«, entfuhr es mir. Felix amüsierte sich sicher festlich drüben in Prollwitz.

»Gestern Nacht war ihm allerdings 'n bisschen kühl, is halt Stallwärme gewohnt und wir hatten hier nix Richtiges für sie. Hat erbärmlich gequiekt die Nacht über.«

»Oh. Is 'ne Sie, ja?«, sagte ich.

»Ja, voll süß, die Sau, dit wird dir nicht leichtfallen. So hübsche Wimpern und so rosig.«

»Oh, Mann! Ich wollte ja gar nich …«

»Na Manni hat für dich jedenfalls schon 'n Bolzenschussjerät besorgt, dann musste nich mit 'n Beil rumsauen. Damit geht's dann echt schnell und sauber.«

»Echt!?«

»Ja. Du kommst am besten schon mal heut Abend her, damit de dich vorbereiten kannst, is ja 'ne ziemliche Arbeit, und wenn wir morgen Abend grillen wollen, dann musste schon früh anfangen.«

Verzweiflung auf meiner Seite.

Wir rollten auf den Hof, und anders als sonst rannte ich nicht sofort vergnügt in alle Ecken, sondern trottete träge über den Rasen. Vom Schwein keine Spur. Vielleicht hatte sich Manni ein Herz gefasst und es schnell selber um die Ecke gebracht?

»Toni, Toni! Hahaha.« Von der Wiese hinterm Haus kam Manni angestapft und winkte fröhlich.

»Hast schon dei Sau juten Tach jesagt? Toni!«, rief Manni laut, freute sich und kam lachend näher. Hinter ihm bottete ein prächtiges rosa Schwein, viel kleiner, als ich mir vorgestellt hatte, aber eine echte Schönheit. Plötzlich spurtete die Sau ein Stück voraus und kam als Erste bei mir an, schnüffelte an meinem Fuß und grunzte lieb. Mahoni, der Henker. Manni ging mit ihr spazieren, wie mit einem Hündchen.

»Tach, Manni!« Wir schüttelten Hände.

»Na, wat sachst? Schönet Schweinchen hab ick dich besorcht, nich?« Ich nickte. Wie glücklich er war mit dem Tierchen.

»Bolzenschuss und allet hab ick dich ooch besorcht, Beil und Schüsseln und so Ausbeinmesser!« Er strahlte weiter und streichelte der Sau den Kopf.

»Cool, Manni, danke! An so wat hab ick noch jar nich jedacht!«, sagte ich ehrlicherweise.

»Jor, jor!« Manni lachte und stapfte weiter.

»Komm, Schweinchen, schön futtern jetzt, schön Mohrrübe ...!«

Ich atmete durch und lief ins Haus. Im Kühlschrank gab's bereits kaltes Bier. Dem Himmel sei Dank! Immer neue, vollgepackte Autos tuckerten auf den Hof. Ein geschäftiges Treiben begann, Schlafplätze wurden verhandelt, der viel zu kleine Kühlschrank haltlos überfüllt, einige bauten Zelte auf. Alle freuten sich auf das Schwein.

»Und du willst dit selber schlachten?«

Ich winkte ab. »Mal sehn«, sagte ich, und: »Ja ja.«

Es wurde voll auf dem Hof. Im Hauptschiff waren bereits alle Betten belegt, auch das Häuschen am anderen Ende der Wiese war komplett mit Matratzen, Betten und Isomatten tapeziert, und dennoch kamen weitere Leute.

Peggy hatte Pierre dazu verdonnert, Kartoffeln zu schälen, sie und andere Frauen machten einen riesigen Quark mit den Kräutern vom Hof und frischen Frühlingszwiebeln. Gitarrengeklimper wurde schnell von wuchtiger Marleymucke aus den Scheunenlautsprechern übertönt, hier und dort qualmten die ersten J's, Tauben und Schwalben flatterten über den Menschen. Barfuß und biertragend, federballspielend, schwatzend, Grüße und Küsse tauschend. Kleine Kinder, entstanden auf ebensolchen Treffen, purzelten lärmend durch die bunte Meute. Es fehlte eigentlich nur eins: ein rauchender Grill. Aber auf den wurde ja bewusst verzichtet, schließlich gab es morgen ein ganzes Schwein. Manni fühlte sich pudelwohl zwischen all den Städtern. Er kannte fast alle und frischte sein Bild über die Leute überall mit neuen Informationen auf. Die ihn nicht kannten, nahmen ihn staunend wahr. Ein echter Bauer, ein Mann mit schwieligen Händen und sonnenverbranntem Gesicht, der Mecklenburger Dialekt sprach und sich dennoch mit ihnen allen abgab. Ein kleines Wunder. Am Abend machte Felix auf der Wiese ein großes Feuer und alle, bis auf die ganz Kleinen, machten es sich darum bequem. Alle plapperten durcheinander, manchmal wurde es still, ab und zu lauschten alle nur einer Stimme, wie das halt so ist. Dann ging's ums Schwein. Manni war der unbestrittene Kenner der Materie.

»Und Sülze kannst machen, nimmst Ohren un schön wat von Bauch und Rest, wat von die Knochen is und Zedder wech und dann kochst schön ein in großen Kessel.«

Er nahm einen kleinen Schluck aus seiner Flasche.

»Und schön ausbluten tust für wat für de Blutwurst is. Und dann machst schön Leberwurst von, machst Speck bei und wat so anfällt und Würze und dann tust das schön abschmecken und dann hast schön Leberwurst. Und Schmalz kannst machen, ach!«

Seine Augen leuchteten, die der anderen hingen gebannt an seinen Lippen. Das Schwein war hinter Manni ans Feuer getreten und ließ sich mit einem Seufzen nieder. Manni streichelte es ohne hinzusehen und wühlte zärtlich zwischen seinen Ohren.

»Und schön Schinken tust schneiden und Kotelett. Und Eisbein machst und Spitzbein. Und die Knie kannst auch mitkochen bei die Sülze mit, schön, nich! Und die Bäckchen hier von Kopp wech machst zarte Wurst von. Und wenns Bockwurst machen willst, machst feinet Brät in Fleischwolf. Wo wir Kutter sagen. Feinet Brät vom Kutter machst. Schön mit Eis bei. Und Räuchern kannst tun allet und Dauerwurst kannst von machen und einwecken kannst und friern inna Truh. Kannst allet machen von dat kleene Schwein, nich?«

Manni tätschelte die Sau. Die grunzte lieb zu seinen Füßen. Ich hatte ziemlichen Appetit bekommen bei seiner Erzählung, auch die anderen sahen das Schwein mit verändertem Blick an. Peggy neben mir blieb still.

Niemand riss einen Witz darüber, dass das Schwein sich so wohl in unserer Runde fühlte, während wir seine Zerlegung besprachen. Eine leichte Betretenheit, gemischt mit Blutdurst, war zu spüren. Ich wurde jedenfalls völlig mit Fragen verschont, niemand wollte mit mir über die morgige Tötung reden. Ich auch nicht. Ich war ein Aussätziger. Ich war der Henker. Hätte Manni das Tier schlachten wollen, wäre es sicher leichter gewesen. Dann hätte es das natürliche Flair der bäuerlichen Notwendigkeit gehabt. Dass aber einer von ihnen seine erste Schweinehinrichtung übernehmen wollte, hatte etwas Perverses an sich. Ich begann, mich in der Runde unwohl zu fühlen, und ging ins Bett. Peggy blieb bei den anderen am Feuer.

Ich wachte mit dem Hahn auf, es war sechs Uhr dreißig. Im Hof war es kühl, die Wiese war feucht. In einer dichten Gruppe staksten die Hühner umher; ich machte Kaffee. Rauchend saß ich vor dem Haus auf der kleinen Treppenstufe und dachte nach. Worte wie »Mannesprüfung« und »Scheideweg« spukten mir durchs Hirn. Reiß dich zusammen, Mahoni. Alle erwarten von dir, dass du das Schwein auch schlachtest, das du besorgt hast. Ich stutzte. Das könnte ein neues Sprichwort werden. Da saß ich nun und reimte.

Kannst du nichts im Schacht erkennen, solltest lieber schlachten können.

Blödsinn! Wie wär's mit: Willst am Abend lecker Brät, brauchst ein Bolzenschussgerät.

Oder: Süß dein Schwein, groß dein Herz, stirbst vor Hunger, nicht vor Schmerz. Ha! Das war's doch. Die Reimerei war echt aufmunternd. Manni stapfte in gelben Gummistiefeln über den Hof und warf den Hühnern Körner hin. Sofort kamen sie angeflitzt und stürzten sich mitleidlos über die Pflanzenembryos her. Auch brutal.

»Ach, Toni, bist ja schon wach!« Manni kam angewackelt.

»Kannst gar nich abwarten, die Sau zu stechen, was? Hahaha!«

Ich nickte.

»Na wart mal noch auf paar mehr Hände. Muss man ja auch gut festhalten, die Sau. Is ja kräftig, nich!« Ich nickte. Manni stapfte weiter zu den Pferden, ich blieb sitzen und rauchte. Die Sonne kam in den Hof, der Hahn krähte ein zweites und drittes Mal, und langsam regte es sich im Haus. Die ersten Morgenmenschen purzelten auf die Wiese. Gespräche, die nur der Morgen mit sich bringen kann, folgten. Kaffeebekenntnisse, Tabakverleih, Brötchensuche. Gegen neun Uhr waren die meisten auf den Beinen und Manni begann, Gerätschaften aus dem Schuppen zu holen. Eine breite Holzleiter war darunter, daran hing ein geschwungener Eisenhaken mit zwei weit auseinanderliegenden gebogenen Spitzen.

»Da tust die Sau nachher ranbammeln! Machst 'n
Schlitz anne Beene, wo die Sehne is, und dann hängst
uff. Übern Rücken musst puckeln, muss 'n andrer dann
fummeln!« Ich verstand nicht so recht, nickte aber ge-
dankenverloren dazu. Mehrere hölzerne Wannen kamen
zum Vorschein, zwei große Messer und zwei kleine, die
Manni sofort beflissen wetzte. Ein kleiner Haufen hatte
sich bei den Geräten versammelt, staunend wurde das
alte Zeug begutachtet. Ich saß weiterhin auf meinem
Treppenabsatz, rauchte wie in Trance. Ruhig, ruhig, ruhig. Wer hätte gedacht, dass das alles so anstrengend
wird? Von der Sau war nirgends etwas zu sehen. Was hatte ich mir da für 'ne Scheiße eingebrockt? Eine fröhliche
Pfingstrede hatte ich halten wollen. Eine Fleischfest-, eine
Schlemmer- und Feierrede hatte es werden sollen. Stattdessen schwankte ich nun zwischen lauter hässlichen
Vorstellungen hin und her, hatte schlechte Träume, eine
sonderbar stille Freundin und Freunde, die mir nicht so
richtig in die Augen sehen wollten.

Ich starrte vor mich hin und hoffte, dass nun alles ganz
schnell gehen möge. Manni kam mit dem Bolzenschussgerät. Ein rostiges Ding, etwa so groß wie eine Pfeffer-
mühle beim Italiener.

»Schau, hier is die Kugel!« Manni zeigte mir eine ver-
rostete Murmel. Er zog das Ding auseinander, eine starke Stahlfeder kam zum Vorschein. »Denn legst dat Ding
hier ein, denn tust drüberstülpen und feste zusammen-
pressen, bis einhakt. So!«

Manni reichte mir das Teil. »Jetz kannst abdrücken unten. Vorn Kopp knallen musst, nich!«

Damit stapfte er davon. Ich saß mit dem schweren Gerät in den Händen vor dem Haus. Peggy kam und stützte sich von hinten auf meine Schultern.

»Wat hast du denn da?«

»Bolzenschussjerät«, sagte ich mechanisch.

»O Gott, du ziehst dit echt durch?«

»Ja.«

»Hey, lasset doch Manni machen, ick hab dit nich so jemeint neulich. Du kannst doch nich mehr ruhig schlafen ...« Peggy zupfte an mir rum. Die anderen bekamen die Szene mit, es war mir irgendwie peinlich.

»Ich hatte dich aber recht jut verstanden, Peggy. War ja allet richte, wat du jesagt hast.«

Peggy sah mich an und schüttelte den Kopf. »Du musst dit nich machen.«

»Ick weeß«, sagte ich.

Manni kam mit dem Schwein. Es ging zögerlich hinter ihm an einem Strick. Als es die Gerätschaften witterte, sträubte es sich sofort und wurde störrisch. Manni zerrte es weiter. »Komm, komm, Süße!«, rief er. Dann pflockte er es an einen Haken in der Hauswand und winkte mir zu.

»Toni! Komm bei jetze! Musst vorn Kopp knallen schnell, dat wittert schon. Dat quiekt glei los wie angestochen! Schnell jetzt!«

Ich erhob mich mit dem Gerät, Peggy ließ die Arme sinken.

Das Schwein zerrte an seinem Strick. Alle traten ein Stück zurück.

Ich sah Pierres Gesicht, skeptisch, ich sah das verstörte Gesicht Drivers, viele wandten sich ab. Manni ging.

»Manni!«, rief ich. »Du haust ab?«

»Jor!« Manni winkte ab. »Ick kann dat nich sehn, dat tut ma leide tun!« Und stapfte davon.

Dann stand ich vor der Sau. Hob das Bolzenschussgerät.

Das Schwein tat mir leid. Ich tat mir leid. Die Leute taten mir leid. Das war es nicht wert. Deutlich spürte ich, dass ich es nicht töten wollte. Aber was ist dann mit dem Fleischkonsum? Was mit den Wahrheiten, die Peggy gepredigt hatte? Ich sah zu ihr. Sie schüttelte den Kopf. Ich lächelte sie an und leckte mir mit der Zunge über die Lippen. Ich erwachte. Die Knarre sank, ich drehte mich zu den Leuten um.

»Freunde!«, rief ich mit lauter Stimme. Innerlich vibrierte alles.

»Freunde! Wollt ihr, dass ich dieses Schwein töte?« Ich deutete mit dem Bolzenschussgerät auf die nunmehr kläglich quiekende Sau. Die blassen Freunde um mich schüttelten betreten die Köpfe.

»Wollt ihr, dass ich rüber zum Supermarkt fahre und Grillfleisch und Würste kaufe?«

Eifriges Nicken.

»Dann will ich euch etwas erzählen«, hob ich an. »Dann will ich, dass ihr Folgendes wisst: Man muss nicht schreiben, wenn man lesen will!«

»Ja!«, riefen die Freunde.

»Wir leben in einer Dienstleistungsgesellschaft!«

»Ja!«

»Man muss keine Kanalisation bauen, nur weil man mal kacken muss!«

»Genau!«

»Man muss nicht arbeiten, wenn man Geld braucht!«

»Ja?«, fragten meine Freunde.

»Na ja, schlechtet Beispiel! Aber ihr wisst schon! Schlachten muss der Schlächter, essen kann jeder! Es lebe das Schwein!«

»Ja!«, riefen alle. Sogar Peggy.

»Pfingsten, Freunde! Ein Fest im Sommer! Für alle Herrlichkeiten bereit, lasst uns zusammen mit der Sau feiern! Lasst die Sau leben!«

»Ja, ja!«

Später fuhr ich zum Supermarkt an die Fleischtheke und kaufte für Unsummen Kamm, Koteletts und Würste.

Schweine im April

Udo Tiffert

Des Dunges letzte Düfte sind verhallt
Aprilwind gern die Stalltür knallt
Schweine scharren, mampfen Korn
Zum Abtransport steh'n sie ganz vorn
Der Herr ruft sie und auch der Himmel
Das liebe Schlachthoftor grüßt mit Gebimmel
Maschinen müssen sie elektrisch killen
Denn schon im Mai
          beginnen wir mit Grillen

Auf Messers Schneide

Eine investigative Radioreportage vom
Schlachthof Eberswalde

Konrad Endler

Es ist dunkel, tief in der Nacht, die Stadt schläft. Ein Be-
trunkener taumelt dort, auf der anderen Straßenseite, in
die Richtung, die ihm sein Instinkt vorgibt. Ein süßlicher
Geruch liegt in der Luft, dumpf und schwer. Dennoch ist
sie schneidend kalt. Ich stehe am Eingang des ehemaligen VEB Bolzenschussgerät Eberswalde, der heutigen
Schlachthof Unterspree GmbH, die jedoch von Mitar-
beitern und Bevölkerung immer noch einfach und liebevoll »Die Bolze« genannt wird. Mir gegenüber sitzt, in
einem aus der Perspektive des sechzehnten Jahrhunderts
futuristisch anmutenden Ziegelhäuschen, Herr Pippig,
der Pförtner. Herr Pippig ist ein abgrundtief hässlicher
Mann, mit winzigen roten, jedoch wie bei einem Krebs
stielförmig nach außen stehenden Augen, einer dreige-
spaltenen, auf dem linken Schaft eitrigen Nase, Wangen,
die ihm, an den von weißen Fetzen absterbender Haut
bedeckten Wulstlippen vorbei, wie zum Trocknen auf-
gehängte Waschlappen bis auf die Schulter fallen, und
einem Vierfachkinn, das mit seiner untersten Schwalle
am Kehlkopf festgewachsen scheint. Er hat vor wenigen

Augenblicken den Telefonhörer auf die Gabel gelegt. Jetzt schiebt er mir einen Passierschein durch die winzige Fensteröffnung zwischen uns beiden. Ich solle mich bei der Verwaltung melden. Zweiter Stock, Büro für Öffentlichkeitsarbeit. Die Pressesprecherin sei wie immer vor Ort. Sie schlafe nie, esse ausschließlich Fleisch von frisch geschlachteten Kälbern. »Frau Keim sieht ein bisschen seltsam aus, wundern Sie sich da mal nicht, das ist von den Hormonen.«

Ich gehe den von Schneewehen gesäumten Hauptwirtschaftsweg hinauf. Der Streusand knirscht unter meinen Sohlen wie splitterndes Glas. Ein längliches, kuhstallartiges Gebäude zur Rechten, abweisend, weit jenseits der Lichtkegel der Bogenlaternen. Das trübe Weiß ermatteter Neonröhren schimmert scheu von dem Gebäude herüber. Schmale Reihenfenster unter dem Dach, wie Sehschlitze das Milchglas, dahinter in Zehn-Sekunden-Abständen das sirenenartige Aufquieken eines Fleischträgers, der dem Tod ins Auge sieht.

Mein Gefühl ist schwer und kalt geworden, absolute Einsamkeit, liebe Hörerinnen und Hörer, tiefes leeres Vakuum aus Blei, der Nebel meines Atems der einzige Begleiter. Noch eine Biegung, dort liegt die Verwaltung, ein von schinkelschen Säulen umrundeter, klassizistischer Quader, angestrahlt an seiner Front ein zehn bis zwölf Meter breites Keramikmosaik aus den Fünfzigerjahren, das im Stil der Kosmonautik muskulöse Metzger beim Schlachten wohlgemästeter und irgendwie zufrieden anmutender Fleischträger zeigt.

Frau Sonja Keim, oder »Fräulein Keim«, wie sie betont, empfängt mich im repräsentativ eingerichteten Vorraum im zweiten Stock. Sie sieht tatsächlich ein bisschen seltsam aus. Unter ihrer von winzigen gelbroten Eiterbläschen übersäten, fliehenden Stirn und den daran anschließenden, von einer frühen Knochenmarkserkrankung zeugenden Überaugenwülsten sehen mich aus fausttiefen Höhlen zwei riesige, ockerfarbene Pupillen an wie gewaltbereite Jugendliche an einer Bushaltestelle, davor Nüstern, weit aufgestülpt zur Witterung über dem röhrenhaft zu mir herstehenden Mund, auf dessen stecknadelkopfgroße Lippen Frau, Verzeihung, Fräulein Keim ein Milligramm knallroten Lippenstifts aufgetragen haben muss, wenn es sich hierbei nicht um eine Krankheit handelt.

»Willkommen bei der Schlachthof Unterspree GmbH«, sagt sie wie ein zwitschernder Kolibri. »Ich danke Ihnen für Ihren Besuch.«

»Ich danke ebenfalls«, sage ich. Sie übergibt mir eine Wurst. Dann verabschieden wir uns und ich gehe zu dem Fahrstuhl, der noch immer in der Etage auf mich wartet.

In Abkehr von der Sonne ist die unsrige Seite des Planeten in den letzten Stunden mehr und mehr abgekühlt, dass ich fast, gewahr der Winterstarre, die Vermutung hege, es werde niemals anders sein. Ich greife in meine Jacke und spüre dort, noch immer warm, das Wurstpräsent, liebe Hörerinnen und Hörer, das mir von der Schlachthof Unterspree GmbH mit auf den Weg gegeben wurde, damit ich nur das Beste berichte von den Zuständen an der Verladerampe, in der Werkskantine, den Schlachte- und Kühlhallen, und so möchte ich, im Einklang mit den ethischen Prinzipien des modernen Journalismus, Ihnen nicht vorenthalten, dass bei der Schlachthof Unterspree GmbH, oder »der Bolze«, wie sie im Volksmund der Gegend genannt wird, alles in Ordnung ist und alles mit rechten Dingen zugeht.

Und wieder knirscht der Streusand unter meinen Sohlen. Es ist nicht mehr weit bis zum Pförtnerhäuschen. Der Wind ist stärker geworden. Ein wenig nur, doch gerade so viel, dass er mich vorantreibt und die vorderen Loden meines Mantels vor mir flattern wie halb vom Mast gerissene Rahsegel. Eine alte Karavelle bin ich, liebe Hörerinnen und Hörer, hier für Sie unterwegs, Schritt für Schritt von Stein zu Stein, die Fata Morgana der sagenhaften Goldinsel Zipango stets vor Augen, getrieben von den Stürmen der Zeit, für einen Hungerlohn, in der Nacht.

Herr Pippig, der Pförtner, hat den Deckel seiner Thermoskanne abgeschraubt und mir etwas von seinem Kaffee angeboten. So sitzen wir hier, am Eingangstor der Bolze, und sehen hinunter, über die Dächer von Eberswalde. Der Betrunkene auf der anderen Straßenseite steht, mit der Zunge an eine Bogenlaterne gelehnt, und tut es uns gleich.

»Viele Sternschnuppen heute Nacht«, sagt Herr Pippig, und seine Stielaugen wippen auf und ab dabei wie die Fühler eines Insekts.

»Stimmt«, sage ich, und reiche ihm ein Stück der Wurst. »Mit der Frau Keim, da haben Sie auch recht. Dass die seltsam aussieht.«

»Fräulein«, sagt Herr Pippig. »Fräulein.« Und ich nicke.

Katharina Greve

400 Schweine/Stunde

Kathrin Hartmann

*»Bis jetzt war noch Händearbeit nötig,
von jetzt aber arbeitet der Apparat ganz allein.«
(Franz Kafka, »In der Strafkolonie«)*

Messeneuheit CO_2-Anlage bis 50 Schw./S. Die Maschine ist aus glänzendem Stahl, die Buchstaben kleben auf der Plexiglasfront. Durch sie hindurch kann man in Gespräche vertiefte Männer in Anzügen sehen. Sie wissen, was die Abkürzung bedeutet: Schweine pro Stunde. Was eine dieser Maschinen mit wie vielen Schweinen, Rindern, Schafen oder Vögeln/S. machen kann, das ist die wichtigste Leistungseinheit für die Fachbesucher der Internationalen Messe der Fleischwirtschaft in Frankfurt am Main (IFFA). Technische Daten, entscheidend wie Stundenkilometerangabe und Benzinverbrauch beim Autokauf. Die Maschinenfabrik Banss Austria, Halle 9.1 A 06, gehört zu den 900 Ausstellern.

»Fachliches Know-how, innovative Systemlösungen und die hohe Qualität prägen den Erfolg von BANSS. Von der Planung bis zur Realisierung, ob Kleinbetrieb oder Großschlachtanlage, mit BANSS haben Sie einen kompetenten Partner für jede Anforderung.« (Katalog)

Die Messeneuheit, die CO_2-Betäubungsanlage, fährt 50 Schweine pro Stunde in einer Gondel in einen Schacht, der mit Gas gefüllt wird. Dort bleiben die Tiere, bis sie das Bewusstsein verlieren. CO_2-Betäubungsanlage Typ 120 schafft 120 Schweine pro Stunde, Typ 150 150. An den Messestellwänden hängen Fotos von Schweinen, Rindern und Schafen. Enthauptet, aufgeschlitzt, blutend. Darunter sitzen Banss-Kunden an Tischen und essen Würstchen.

»Es ist immer die erste oder zweite Frage: Wie viele Tiere pro Stunde macht das Gerät?«, sagt Thomas Renner, Geschäftsführer von Renner Schlachthaustechnik, Halle 9.0 C 06. Er schaut, als wollte er den Kopf schütteln. Es gebe Hersteller, sagt er empört, die würden Maschinen bauen, mit denen 1800 Schweine pro Stunde betäubt und geschlachtet werden könnten. An seinem Stand steht eine Elektrobetäubungsfalle (200 Schw./S.), CO_2-Betäubungsanlagen von Renner schaffen 40–400 Schw./S.

»RENNER ist der Spezialist für individuelle und flexible Schlachthaustechnik – und das bereits seit zwei Generationen. Egal ob Handwerksbetrieb oder großer Schlachthof – RENNER entwickelt die passende Lösung für Ihren Betrieb.«
(Katalog)

Herr Renner, war das Ihr Traumberuf? Herr Renner windet sich, er schaut auf den Notizblock und sagt: »Ich möchte jetzt nicht als Schlachthausverfechter dastehen.« Es sei nicht sein Traumberuf gewesen, nein. Als er das erste Mal in einem Schlachthaus war, da habe er wackelige Knie bekommen.

Und dann? »Ich sag mal: Man stumpft ab. Von irgendwas muss man ja leben.« Die Renner Schlachthaustechnik GmbH feiert in diesem Jahr ihr zwanzigjähriges Bestehen. Herr Renner sagt: »Ich möchte, dass die Tiere, wenn sie schon geschlachtet werden, anständig behandelt werden.«

Die Tiere. Wo sind sie bloß, zwischen all den Anlagen aus glänzendem Stahl, zwischen den Messern und gigantischen Wurstkesseln, den ergonomischen Elektroschockmaschinen, den roboterbetriebenen Rektumschneidern, Nackenkneifern, Brustöffnern, Vorderfußabschneidern und Schweinespaltern, den Blutauffangwannen, Blutförderanlagen und Bluttanks, den Flammöfen, Kühlschränken und Räucherkammern, den ratternden Förderbändern und zischenden Verpackungsanlagen?

An manchen Messeständen demonstrieren Plüschtiere die Funktion der Maschinen. Man sieht lebensgroße Plastikkühe mit Firmenlogos beklebt und Schweine aus Pappmaché mit aufgeklebten Wimpern. Es gibt riesige Monitore, auf denen in Endlosschleife gezeigt wird, wie betäubte Schweine auf Fließbänder purzeln, an denen ihnen die Kehle aufgeschlitzt wird. Wie ihre Körper abgeflammt werden, wie sie vom Förderband hängen, wo ihnen Köpfe und Pfoten abgeschnitten werden. Trauben von Menschen stehen davor, sie schauen sich die Schlachtmaschinen mit einer Faszination an, als würden dort Sportwagen gezeigt. Die sekundenschnelle Abfolge wird untermalt von dramatischer Synthesizer-Melodie: Abenteuer Technik!

Technik ist Zivilisation, sie unterscheidet den Menschen vom Barbaren und manifestiert ihn als Beherrscher der Welt. Die Technik hilft ihm, die Welt seinen Bedürfnissen anzupassen, sie ist der Ursprung der Maschine. Die Maschine ist die kleinste Einheit der Industrie, deren Wesen Effizienz, Rationalität und Gewinnorientierung ist. Durch das industrielle Schlachten mit technisch hoch entwickelten Maschinen distanziert sich der Mensch vom barbarischen Akt des Tötens. Nicht nur, weil er den Prozess so weit wie möglich seinen dafür entwickelten Maschinen überlässt. Er neutralisiert es, indem er seine eigene Verrohung zur Zivilisation verklärt. Das echte Tier, es existiert nicht in dieser Maschinenlogik. Die Produktionsgeschwindigkeit macht es zur Ware, sie spricht dem Tier sein Leben und Leiden ab. Sein Sterben verkommt zur zynischen Maßeinheit wirtschaftlicher Leistungsfähigkeit: 1300 Schw./S., 50 Mio. Schw./Jahr, 1,25 Euro/kg Schlachtgewicht.

»Bedingt durch die besonderen Eigenschaften des empfindlichen Rohstoffs Fleisch sind die Anforderungen an die Technik sehr hoch, doch die Hersteller haben mittlerweile eine ganze Palette interessanter Lösungen für die Fleischverarbeitung entwickelt.« (IFFA-Zeitung)

Wenn der Rohstoff durch Spitzenköche veredelt wird, ist die Entfernung zum Tier maximal: Wer fühlt Angst und Leid, wer riecht das Gedärm, wer hört die Schreie hinter Kalbsbraten in Barolosoße? Wer wollte die Kultur, die Krone der Zivilisation, in Frage stellen?

In einem Schlachthof schneidet ein Arbeiter alle paar Minuten einem Tier die Kehle auf, in Großbetrieben alle paar Sekunden. Es ist der einzige Arbeitsschritt, den der Mensch erledigt. Auch er ist Teil der Routine, der reibungslose Ablauf verhindert das Nachdenken, die Entscheidung ist durch die Automatisierung getroffen. »Der Mensch sah sich zum bloßen Komplizen gemacht, der sich dem Tempo und den Vorgaben des Fließbandes anzupassen hatte«, beschreibt der US-Ökonom Jeremy Rifkin die Beschleunigung des Massenschlachtens in seinem Buch *Das Imperium der Rinder*. Rifkin hat herausgefunden, dass viele bedeutende technische Erfindungen nicht, wie oft behauptet, in der Stahl- und Autoindustrie erstmals zum Einsatz kamen, sondern in Schlachthöfen: Das erste Ding, das auf einem Fließband transportiert wurde, war ein totes Schwein.

In seiner Autobiografie *Mein Leben und Werk* schrieb der Automobilpionier Henry Ford 1923, dass er die Anregung zur Einführung der Fließbandproduktion bei dem Besuch eines Schlachthofs in Chicago erhalten habe, dort, wo Mitte des 19. Jahrhunderts das industrielle Töten von Tieren nicht gekannte Ausmaße annahm. Von der Eröffnung der ersten Union Stock Yards 1865 bis zum Jahr 1900 wurden 400 Millionen Tiere geschlachtet. In Deutschland werden jedes Jahr 50 Millionen Schweine, 3,7 Millionen Rinder und Kälber und 480 Millionen Hühner geschlachtet. 60 Kilo Fleisch isst der Deutsche im Schnitt pro Jahr.

Halle 8.0 D 54. Die Firma Banss Germany zeigt einen Film über den Automatischen Betäubungsrestrainer BRT

(BRT-1-T: bis 350 Schw./S., BRT-2: bis 500 Schw./S., BRT-3: bis 650 Schw./S.). Darin wird Schwein an Schwein auf einem Förderband (»stufenlos verstellbare Geschwindigkeit«) fixiert und durch einen langen dunklen Tunnel (»Beruhigungsstrecke«) zum automatischen Elektroschock (»Überwachung mit digitaler Datenaufzeichnung«) geschoben, dort in Position gebracht, von einer automatischen Betäubungszange (»Optimale Erkennung der Tiere durch Kombination Lichtgitter und Ultraschallsensoren«) unter Strom gesetzt. Man sieht ein Schwein nach dem anderen aus dem Tunnel kommen und in die Stromzange genommen, sein Entsetzen vermischt sich mit dem Aufbäumen seines Körpers. Ein Mann von Banss grinst und sagt, man müsse ein Schwein nur anderen Schweinen hinterherlaufen lassen, dann läuft es in den Tunnel. »Schweine«, sagt er und lacht, »die sind eben dumm.«

Schweine, das haben Forscher herausgefunden, haben vergleichbare kognitive Fähigkeiten wie Primaten. Sie sind schlauer als jede Katze, aber geschenkt, der Mensch hat beschlossen, dass Katzen anmutig und klug sind und Schweine dumm und schmutzig.

Zwei Frauen schlendern durch den Messegang. Eine sagt: »Gut, dass hier keine Tierschützer sind.« Die andere lacht. Eine andere Frau steht gelangweilt vor einem Bildschirm und schaut zu, wie im Sekundentakt kleinen Kälbchen ein Metallbolzen ins Hirn geschossen wird, man kann die Angst in ihren Augen sehen, bevor sie leblos zusammenbrechen. Neben ihr quengelt ihr kleines Kind im Kinderwagen. »Was ist denn schon wieder?

Du kannst es doch sehen!« Am nächsten Stand wird das Kind eine Wurst probieren, die von einer Messeneuheit mit einer Tigerente aus Fleisch verziert wurde.

Wo bleibt das Entsetzen? Wo bleiben Empathie und Mitgefühl? Wo bleibt die Tierliebe, die ein Eisbärenbaby im Berliner Zoo in den deutschen Herzen entfacht hat? Was unterscheidet Knut von fünf Monate alten Kälbchen, sechs Wochen alten Spanferkeln, acht Wochen alten Milchlämmern?

Gar nichts. Nur die Tatsache, dass der Mensch das Eisbärenbaby so willkürlich aus der anonymen Masse der Tiere gehoben hat, wie er andere millionenfach züchtet, einsperrt, tötet und isst. Einen winzigen Augenblick gesteht der Mensch, die Krone der Schöpfung, einem Tier ein individuelles Leben zu – wie sonst seiner Katze oder seinem Hund. Die anderen fasst der Mensch als »Nutztiere« zusammen, sie sind in dieser Logik nur nachwachsender Rohstoff. Würde der Mensch das Tier als Individuum anerkennen, er müsste sich beunruhigende moralische Fragen stellen. Doch die Kluft, die der Mensch seit Jahrhunderten zwischen sich und das Tier gelegt hat, seit er sie zu seinem Zweck domestiziert und sich selbst damit zivilisiert hat, »war die bislang beste Rationalisierung der Ausbeutung der Tiere durch den Menschen«, schreibt der amerikanische Historiker Charles Patterson in seinem Buch ›*Für die Tiere ist jeden Tag Treblinka.*‹ *Über die Ursprünge des industrialisierten Tötens.* Der Mensch ernannte sich zum Herrscher der Erde und alle Wesen zu seinen Untertanen. Er stufte Tiere als niedrige Lebensform ein, je kleiner, desto minderwertiger. Er bezeichnete sie als Ding und sein Eigentum. Er sprach ihnen die Unsterblichkeit ab, die er sich zulegte, die Seele, den Schmerz, den Verstand, den Lebenswillen und sowieso die Vernunft. »Niemand darf einem Tier ohne vernünftigen Grund Schmerzen, Leiden oder Schäden zufügen«, steht in Paragraf eins seines Tierschutzgesetzes. »Vernunft« ist das Wesen menschlichen Denkens. Der Mensch erklärt sich mit dem Begriff in einer totalitären Logik selbst zum obersten Prinzip: Nur er entscheidet, was vernünftig ist. Tiere jeden Tag zu zigtausenden zu töten, um sie zu essen, gehört unbedingt dazu. In Paragraf vier steht: »Ein Wirbeltier darf nur unter Betäubung oder sonst, soweit nach den gegebenen Umständen zumutbar, nur unter Vermeidung von Schmerzen getötet werden.«

»Humanes Töten« ist das Moralmodul im Schlachtprozess. »Humanes Töten« heißt, dass es den Tieren am Abend vor dem Tod schön gemacht wird im großen Stall auf dem Schlachthof, damit sie nicht gestresst sind. »Humanes Töten« ist ein Spiegel am Ende des letzten Ganges, auf den Schweine zurennen, weil sie denken, dort wären ihre Freunde. »Humanes Töten« heißt, dass viele Schweine gemeinsam in die Gasgrube gefahren werden. »Humanes Töten« heißt, dass sie mindestens 70 Sekunden in der Grube bleiben. Das will die Tierschutzschlachtverordnung, der Mensch kann nicht sehen, wie sich tief unten die Tiere in Panik winden, weil sie keine Luft bekommen. Wenn dieser Begriff der Nächstenliebe und Barmherzigkeit für eine Methode des Tötens gebraucht wird, geht es immer darum, es zu rechtfertigen. Die Giftspritze bei der Todesstrafe. Den »Nahschuss ins

Hinterhaupt« von DDR-Delinquenten. Chemische Waffen. Die Massenvernichtung im Dritten Reich. »Humanes Töten« soll heißen, die Opfer leiden nicht. In Wahrheit erleichtert es den Tätern das Töten und macht es für die Gesellschaft akzeptabel.

An einem Stand steht ein Modell einer Anlage zur Tierfutterherstellung. Was der Mensch nicht gern isst, Innereien, landet im Hunde- und Katzenfutter. »Je mehr sich der Mensch entwickelt, desto mehr entwickelt sich das Tier, drum kriegt das Tier das Beste«, sagt der Mann am Stand. Eine Dose Katzenfutter kostet im Supermarkt zum Teil mehr als ein Schweinerücken. »Das Tier«, sagt der Mann, »das geht dem Menschen eben über alles.«

Ein Tag am Grill

Nils Heinrich

Die Sonne brennt heiß, und die Vögel tauschen krei-
schend in den Wipfeln ihrer Behausungen bösen Klatsch
über ihre Vogel-Nachbarn aus. Vögel sind so, da braucht
man sich keine Illusionen machen. Vögel haben einen
ganz fiesen Charakter. Vögel bedanken sich im Winter
nicht für die rausgehängten Meisenringe und im Sommer koten sie einem ins Auge oder im Biergarten ins
Hefeweizen, dass es spritzt. Und sie sind im Sommer
verdammt laut, wie sie da in den Bäumen rund um den
Garten sitzen und vogelmäßig rumproleten.

Daher ist Dirk nur mit Mühe zu verstehen, als er
sagt: »Ich hab Fleischappetit!«. Begleitet von einem laut
grüßenden Hungergrunz seiner Bauchspeicheldrüse
klatscht er das allererste marinierte Schweinesteak des
Jahres auf den Grillrost, wo es schmatzend landet und
in der Flammenhitze der hellrot glühenden Holzkohle
zischend den Wandel in einen höheren Zustand antritt.
Njam, njam. Andreas, Dirk und ich eröffnen feierlich die
Grillsaison. Ein komplettes Wochenende lang ernähren
wir uns von Fleisch und Wurst. Fleisch und Wurst werden wir ein komplettes Wochenende lang mit nichts an-

derem als Bier runterspülen. Wir werden ein komplettes Wochenende lang im Paradies sein.

Dirk ist der Grillmeister. Er hat Erfahrung mit Fleisch, er isst zu Hause nur welches. Seine Geburt fand damals auf einer Grillfete statt. Während Dirk unten aus seiner Mutter rauskam, steckte sie sich oben gerade eine Grillwurst ins Gesicht. Der dichte, weiße Qualm frisch verbrannten tierischen Fettes war das Erste, womit sich damals Dirks Säuglingslunge füllte. Dann wurde seine Nabelschnur durchtrennt, abgeschnitten, an beiden Enden verzwirbelt und frisch auf den Grill gelegt. Dirk riecht immer nach Schlachthof. Schweine haben Angst vor ihm. Seine Freundin Meike nennt er Meica. Und so, wie er jetzt gerade die Grillzange anfasst, tun das nur die ganz Großen. Mit einem tänzerischen Schwung aus der Hüfte wendet er das Steak zum ersten Mal. Nicht zu früh und nicht zu spät. Als die rohe, rote Seite des toten, aber schon wieder warmen Sattmachers auf dem Feuerrost erste Brandmale bekommt, die später zu knuspriger Kruste werden, tanzt Dirk um den Grill und spielt für sich selbst zum Tanz auf, indem er den Bratmaxe-Song pfeift. Damit wird er den ganzen Abend nicht mehr aufhören. Außer, wenn er Sprüche raushaut wie: »Richtiges Männeressen muss vorher gelebt, geguckt und gekackt haben!« Ab und an nimmt er einen Schluck Hasseröder und pfeift wieder den Bratmaxe-Song. Die ersten Vögel stimmen mit ein. Und die Grillzange federt im Takt in seiner Linken. Eine Fleisch-Wünschelrute, die gerade eine Fleischader ausfindig gemacht hat.

Dann ist es so weit: »So, jetzt isses so weit! Wer nimmt das Erste?« Ich nehme das Erste, oh, wie lange habe ich darauf gewartet! Meine Zähne reißen große Brocken aus dem zugeschnittenen Muskel. Mit den Mahlwerkzeugen zerhäcksle ich die Fleischfasern, vermische Fett und Fleischgewebe zu einem eiweißreichen Brei, der auf einer schäumenden Hasseröder-Welle in den Magen surft. Die anderen beiden tun es ebenso. Jeder schafft drei Steaks und zwei Würstchen. Dann müssen wir eine Pause machen. Wir hängen wie Schweinehälften auf unseren Stühlen und kommen nicht mehr hoch. Nur in den Armen haben wir noch genug Kraft, um die Hasseröder-Flaschen die Erdanziehungskraft überwinden zu lassen und ihren Inhalt in unsere Hälse zu schütten.

Ich kann nicht mehr richtig gucken, sehe nur noch weich gezeichnete Bilder. Meine Augen sind von innen mit einem Fettfilm überzogen. Sehe im Weichzeichner, wie Andreas einen Schluck Hasseröder trinkt und während des Trinkens einnickt. Sein Kopf sackt auf seine Brust und wird abgebremst von einem Kissen aus Halsfleisch, das am Nachmittag noch nicht da war. Er hat sich ein schlimmes Spontandoppelkinn zugezogen! »Ganz schön fett geworden, der Andi, haha!« Lallend taumelt Dirk zum Auto, in dem er gleich liegenbleibt. Auch mir fallen die Augen zu. Dann pfeifen uns die Vögel sanft in den Schlaf. Sie spielen unser Lied: den Bratmaxe-Song.

Erste Herbsthilfe

à la bourguignon*

Fritz Eckenga

Wenn es novembert im Gemüt,
wenn gar nichts funkelt, glimmt und glüht,
wenn dir kein heller Ton gelingt,
wenn kaum noch Weiß ins Graue dringt,

dann schreib nicht noch ein Herbstgedicht.
Du weißt es doch, die leuchten nicht.
Die alten stapeln sich wie Laub
und fangen schon seit Jahren Staub.

Mach besser Feuer auf dem Herd,
dass Wärme in den Bräter fährt.
Hol zügig etwas Gutes ein,
besorge Wein und Rinderbein.

Bei angenehmen hundert Grad,
im speckigen Burgunderbad,
darf es sich rekeln mit Schalott
in stundenlangem Schmurgelpott.

Wenn es novembert im Gemüt,
wenn nichts mehr funkelt, glimmt und glüht,
dann hilft kein Gott und kein Gedicht,
dann hilft dir nur ein Schmorgericht.

*und ist es à la bourguignon
vergiss bloß nicht den Champignon!

Wurst!

Volker Strübing

Neulich morgens, nach kurzer Nacht
Kaum dass ich halbwegs aufgewacht
Hat meine Freundin mir erst Frühstück und dann mit mir
Schluss gemacht
Sie sagte, dass sie mich verlasse
Weil ich nicht mehr zu ihr passe
Ich nickte nur und hielt mich dabei fest an meiner Kaffeetasse
Mach's gut, und tschüss, auf Wiedersehn
Sprach sie, ich müsse das versteh'n
Es gäb da einen ander'n Typ
Ein ganzer Kerl und furchtbar lieb
Modern und hip und voll auf Zack
Kein abgefuckter Künstlersack

Er ist Fleischer! FLEISCHER!
Und ich bin nur Poet
Mein Zug ist abgefahr'n, weil keine Frau heut mehr auf
Künstler steht
Fleischer! FLEISCHER!
Fleischer musst du sein
Dann himmeln dich die Mädchen an, als Künstler bleibst du
nachts allein!

Okay, ich geb's zu: Mein neues Gedicht war etwas selbst-mitleidig, aber was spielte das schon für eine Rolle, wer kümmerte sich schon um meine Poesie, wenn er doch genauso gut zu einer Event-Schlachtung gehen oder ein gutes Buch über die Historie des Hamburgers lesen konnte ...

Ich legte mein Schreibheft weg und trat ans Fenster.

Die Sonne schien, und vor der neu eröffneten Szene-grillstube gegenüber drängten sich aufgedonnerte Jugendliche auf dem Bürgersteig. Der Grilljockey legte die ganzen angesagten Sachen auf: Thüringer Rostbratwurst, Berliner Buletten, Frankfurter und Nürnberger Würstchen sowie exotische Fleischspezialitäten aus aller Welt.

Der GJ hatte sein T-Shirt ausgezogen und stemmte eine halbvolle Bierflasche in seinen Schritt. Mit der anderen Hand strich er sich über den prächtigen Bier- und Wurstbauch. Die Mädchen himmelten ihn mit offenen Münden an und vergaßen fast die Würste in ihren Händen.

Ein paar melancholische Zeilen fielen mir ein:

Weißt du noch, es war einmal
Da war eine Wurst nur eine Wurst
Keine Glücksverheißung, kein Sexobjekt
Kein Lebensinhalt, keine Kunst
Es kam nur darauf an, ob sie schmeckt
Wann hat die Wurst ihre Unschuld verloren?

Weißt du noch, es war einmal
Da war eine Wurst nur eine Wurst
Da waren die Mädchen noch rank und schlank

Und ganz knackig vom Gemüse-Essen
Und sie liebten uns Künstler und nicht die Leute
Die den Fleischbrei in Schweinedärme pressen
Sie liebten den Mann mit der Gitarre
Und nicht den Typ mit der Bolzenschussknarre
Statt Fleisch aßen sie manchmal Blumenkohl
Und Miss Piggy war noch nicht ihr Schönheitsidol.

Ich seufzte und meine Gedanken wanderten, wie so oft, in die Vergangenheit. Was war passiert und wie hatte es so weit kommen können? Es muss um 2012 herum gewesen sein, dass die Situation plötzlich eskalierte und umkippte: Wir waren einfach zu viele. Zu viele Medienmenschen und Werbeprofis, zu viele Gitarristen und Redakteure, Poeten, Maler, Jugendchöre, Arrangeure und Tenöre, kreative Schamfriseure, Hundertschaften Regisseure, Schriftsteller wie Sand am Meere, hehre Ziele, zu nichts taugend, Wörter aus den Fingern saugend, Popstars, Models, Pianisten, Schauspieler und Kolumnisten, Slammer, Jammer und Performer, Fotografen, Journalisten, Grafik-, Mode-, Webdesigner, hinter jedem Laptop einer, keiner war nicht kreativ – aber irgendwas lief schief. Die Baufirmen kamen nicht mehr hinterher mit dem Bau von neuen Cafés und Fabriketagen, in denen man die Kreativen zwischenlagern konnte, ohne dass sie zu sehr nervten.

Alle wollten sich selbst verwirklichen, weil sie keine Ahnung hatten, was sie sonst hätten verwirklichen sollen. Die ersten Graffiti tauchten auf: »Creativity Sucks« – und wenn es auch anfangs die Kreativen selber waren, die mit vielen witzigen kreativen Ideen und ironisch verbrämt ihren Überdruss kundtaten, so hatten sie damit doch einen Nerv getroffen.

Und so schlug die Stunde der Schlachter, Fleischverkäuferinnen und Grillmeister. Bis heute kann niemand genau erklären, warum ausgerechnet das Fleischerhandwerk eine derartige kulturelle Aufwertung erfuhr, doch es war eine Tatsache: Die Wurst wurde für das zweite Jahrzehnt des 21. Jahrhunderts, was die Kunst für das 20. gewesen war.

Die Jugend stürmte die Lehrbetriebe der fleischerzeugenden Industrie, während die Kunsthochschulen zu Sammelbecken für ehrgeizlose BAföG-Schnorrer verkamen. Kunst war out.

In der Bravo erschienen Poster von angesagten Schlachtermeistern, die Top-Ten der Wurstsorten und Fotostorys, in denen sich angehende Lebensmittelprüfer in blutjunge, hundertzwanzig Kilo schwere Fleischereifachfrauen verliebten. Ging man in eine der Szenegrillstuben, erzählte einem vielleicht ein kleines, dickes Mädchen von ihrem Praktikum im Schlachthof, ja, sehr interessant sei das, nein, bis jetzt wasche sie nur den ganzen Tag Gedärme aus und Geld gäbe es auch nicht, aber sie wolle das von der Pike auf erlernen, denn für sie habe immer festgestanden, dass sie mal irgendwas mit Wurst machen wolle, da ginge es ihr nicht nur um Geld, njein, da ginge es ihr sozusagen um die Wurst, *le Wurst pour le Wurst* sozusagen. Und an der Bar saß vielleicht ein Typ um die vierzig mit modischer Glatze und teurem Mantel, der

seinem Taschentelefon lautstark erklärte, dass seine Fleischerei demnächst die Release-Party für eine neue und
absolut revolutionäre Wurstsorte feiere ...

Ich nahm Stift und Papier wieder zur Hand:

Er hat immer die leckersten Würste im Haus
Und sieht im blutbefleckten Kittel so sexy aus
Er ist Fleischer! FLEISCHER!
Und ich wünschte mir
Ich wäre selber einer
Denn dann bleibst du bei mir

Er ist Fleischer! FLEISCHER!
Fleischer! FLEISCHER! ... und ich bin dir Wurst ...

Der Duft der Opferwurst

Jan Gympel

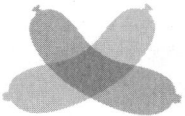

Wenn es so duftet, ist Weihnachten. Oder Geburtstag. Oder ein anderer Tag, an dem es etwas zu feiern gibt oder mein Schatz mir einfach eine Freude machen möchte. Denn er weiß, was dieser Duft mir bedeutet, was dieser Duft bei mir auslöst: der Duft einer Opferwurst.

Ich hätte mir einen Fleischer zum Freund nehmen sollen. Nicht nur, weil er natürlich von archaischer Erotik ist, so ein Mann, der Tiere vielleicht nicht tothaut, aber in jedem Falle aufbricht, ausweidet, zerteilt, zu Delikatessen verarbeitet. Ein Mann, der ständig mit Beil und Messern und anderen tödlichen Werkzeugen hantiert, Blutspritzer nicht nur auf seiner Schürze und seinen Stiefeln hat, sondern auch auf seinen Muskeln, die er an seinem handfesten Handwerk stählt. Ein Mann, der nicht zimperlich ist und der immer ein ordentliches Stück Fleisch auf den Tisch oder zumindest in die Küche bringen kann. Und immer eine Wurst, sei es eine Wiener, eine Krakauer oder eine Bockwurst, auch eine misslungene, geplatzte, denn eine wollen wir sowieso opfern, aufreißen, damit sie ihre Aromastoffe in das warme Wasser im Kessel abgeben kann und nicht die anderen Würste, die darin schwimmen, dies tun und auf diese Weise ihren Geschmack verlieren.

Aber jeden Tag oder auch nur jede Woche den Duft einer Opferwurst durch die Wohnung ziehen zu lassen, wäre mir doch etwas viel. Und so behelfen mein Schatz und ich uns meist damit, nur einen Löffel Brühpulver in das Wurstwasser zu geben, was fast dieselbe Wirkung hat – auf die Würste, nicht aber auf mich.

Denn mich erinnert der unwiderstehliche Duft einer Opferwurst nicht nur an meine Kindheit, an das Passieren von Imbissbuden und Besuchen in Warenhäusern, wo einem mit diesem Wohlgeruch das Wasser im Munde zum Zusammenlaufen gebracht wurde, damit man so ein Fleischstäbchen im Naturdarm konsumierte, auch wenn man vielleicht gar keinen Hunger hatte. Mich erinnert dieser Duft vor allem an meine Jugend, an den Wurststand auf einem U-Bahnhof. Zumindest tagsüber konnte man die Station stets an ihrem Geruch erkennen, und nicht selten dufteten die Züge noch eine Haltestelle weiter nach gut gewürztem, warmem Wurstbrät.

So lange ich denken konnte, stand die Bude in der unterirdischen Halle mitten auf dem Bahnsteig, und natürlich habe ich über all die Jahre meines Heranwachsens hinweg meine Eltern immer wieder dazu getrieben, mir ein Würstchen zu kaufen, auch auf die Gefahr hin, mir den Appetit zu verderben, manchmal still hoffend, manchmal laut quengelnd, und perfekt war mein Minutenglück, wenn mir zu der Wurst auch noch ein Becher mit scheußlichem, völlig verzuckertem Fruchtsaftgetränk gegönnt wurde, welcher dem Sechs-, Acht- oder Zehnjährigen ganz hervorragend schmeckte.

Ich war gerade vierzehn geworden und längst nicht mehr erpicht auf den Kariesverursacher, als sich die Attraktivität des Wurststands in bis dahin nie gekannte Dimensionen erhöhte. Immer war man an ihm von einer Frau bedient worden, der ich aufgrund ihres weit fortgeschrittenen Alters – sie mochte auf die vierzig zugehen – keine besondere Beachtung geschenkt hatte. Sie hatte so wenig meine Aufmerksamkeit erregt, dass ich schon damals kaum sagen konnte, ob sie denn wirklich tagaus, tagein von früh bis spät, über all die Jahre meiner Kindheit hinweg, im von ihr erzeugten Duft der Opferwurst gestanden hatte, als sie auf einmal nicht mehr da war. Womöglich wäre mir ihre Abwesenheit überhaupt nicht aufgefallen, hätte anstatt ihrer eine andere Seniorin von Ende dreißig mit den Würsten hantiert. Doch an ihre Stelle war ER getreten: der hübscheste Junge der Welt. Wie ich zumindest mit meinen gerade vierzehn Jahren fand, verängstigt, frustriert und unbefriedigt – außer drei- bis viermal pro Tag durch mich selbst.

Er sah so gut aus, dass mir, als ich ihm zum ersten Mal begegnete, buchstäblich die Luft wegblieb, ich es nicht zu fassen vermochte, wie jemand so schön sein konnte, und ich keinen Ton herausbrachte. »Wurst!«, sagte ich schließlich, mich vollkommen lächerlich machend, und schmolz dahin, als er beim Lachen seine makellosen, strahlend weißen Zähne zeigte.

In jener nun schon so fernen Zeit galt es noch nicht als der Pädagogik letzter Schluss, Kinder und Jugendliche von früh bis spät in Erziehungsanstalten zu verwahren. So konnte ich fortan fast jeden Nachmittag auf den

U-Bahnhof kommen, ein Würstchen essen und möglichst lange im Duft der Opferwurst verharren, während ich an einer Seite der Bude stand, wo ein breiter Rand es einem gestattete, Teller oder Trinkgefäß abzustellen und den Anblick des Objekts meiner Begierde zu verschlingen. Ganz im Gegensatz zu der Wurst, welche ich so langsam wie möglich verzehrte, um so lange wie möglich ihn anschauen zu können: diesen vielleicht zwanzigjährigen Jungen mit den großen braunen Augen, so warm und tief, dass man darin versinken konnte, mit den kurzen, immer tadellos gescheitelten, fast schwarzen Haaren, welche manchmal im Licht braun schimmerten, mit den schön geschwungenen Lippen vor dem Gebiss, das so perfekt war wie des Wurstverkäufers gesamtes Äußeres. Durch die Regalbretter hinter den seitlichen Fenstern hindurch, auf welchen Getränkedosen und -flaschen auf angegilbten Papierservietten standen, die so über die Borde gelegt worden waren, dass sie auf beiden Seiten in Dreiecksform hinunterhingen, beobachtete ich ihn, prägte mir ein, wie er seinen athletischen, vielleicht einsfünfundachtzig großen Leib bewegte, wie er mit seinen so männlichen Händen zu einem der geschmacklosen, alten, in unterschiedlichster Weise geformten und gemusterten Teller griff, darauf ein Blatt Pergamentpapier legte und dann, mit der hölzernen Zange, eine heiße Wurst. Ich prägte mir seine breiten Schultern ein, seinen kräftigen Hals, die delikate dunkle Behaarung seiner von Natur aus gebräunten, aufregend definierten Unterarme, den angenehmen Klang seiner Stimme und die gewählte, fast vorsichtige Art, in welcher er sich immer ausdrückte.

Vorsichtig war auch ich, hin- und hergerissen zwischen der Angst, dass meine Liebe entdeckt würde, und dem brennenden Wunsch, dass ebendies geschehen möge – natürlich nur durch ihn, meinen Prinzen aus dem Duft der Opferwurst. Viel zu schüchtern, viel zu unerfahren war ich mit meinen gerade einmal vierzehn Jahren, um mit ihm auch nur flirten zu können. Zumal es mich nicht nur immense Energie kostete, mich von früh bis spät nach ihm zu sehnen, sondern auch, das Geld zu erstehen, um den wunderschönen Wurstjungen dann so unauffällig wie möglich anschmachten zu können. In jenem Frühjahr und Sommer freuten sich meine Verwandten, deren Freunde, Nachbarn – wen immer ich dazu überreden konnte, ihm für einen denkbar üppigen Lohn den Rasen zu mähen. Oder Unkraut zu jäten, die Regenrinnen zu säubern, etwas anzustreichen, auf- oder auszuräumen. In meiner frühpubertären Verzweiflung versuchte ich mich sogar als Dieb, musste aber bald feststellen, dass die Dinge, die ich in und vor allem vor Geschäften klauen konnte, nicht viel wert waren, schon gar nicht als Hehlerware.

Jeder Blick von ihm war mir ein Geschenk, jedes Lächeln ein Fest. Und dankbar war ich dem ökologischen Bewusstsein oder auch nur dem Geiz der alten Imbissbetreiberin, die meines Prinzen Mutter sein mochte. Denn weil hier Teller verwendet wurden, gab es nach vollzogenem Verzehr stets noch eine Möglichkeit zum Kontakt mit dem Verkäufer, gar dazu, ihm angenehm aufzufallen, wenn man ihm das Porzellan zurückbrachte, statt es einfach stehen zu lassen.

Vermutlich, um es in dem Bahnhof duften und nicht riechen zu lassen, wurden Würste dort nur erhitzt und nicht gebraten, sodass ich keinen Gedanken darauf verschwenden musste, welch irritierende Symbolik dem Zerschneiden dicker, blassbrauner Fleischstangen innewohnen könnte. Gedacht habe ich lieber daran, nie passend zu zahlen und dann die Hand aufzuhalten. Manchmal legte der Junge meiner Träume wie erhofft das Wechselgeld hinein, und manchmal berührten seine Finger dabei meine Hand. Und ich dachte daran, stets viel Senf zu verlangen. Wie von mir kalkuliert, blickte mich der schöne Verkäufer eines Tages nicht nur an, mit seinen braunen Bilderbuchaugen, sondern sprach mich sogar an: »Isst du den denn?« – »Klar, bin doch schon ein großer Junge!« Hätte ich sagen sollen. Habe es aber nicht getan. Für so viel Selbstironie hatte ich noch nicht genügend Selbstbewusstsein. Also murmelte ich nur ein »Mhm« und flüsterte ein »Klaro«. Nicht mal zu einem »Wetten?« reichte es. Aber eines Tages fragte mich der hübscheste Wurstverkäufer der Welt ganz von selbst, ohne dass ich etwas gesagt hätte: »Viel Senf? Wie immer?« Wie immer. Er hatte sich an mich erinnert. Mich persönlich angesprochen. Welch ein Triumph.

Er hatte wirklich Notiz von mir genommen, dem jungen Stammkunden, der fast jeden Nachmittag bei ihm erschien. Er begrüßte mich fortan, sah mich an, lächelte mich an, gab mir das Gewohnte, ohne dass ich noch etwas zu sagen brauchte, verabschiedete mich mit einem »Tschüs«. Manchmal, wenn gerade keine Kundschaft kam, wechselten wir sogar ein paar Worte miteinander, stets nur Belanglosigkeiten. Doch ich fing an, mir Hoffnungen zu machen. Naive, dumme, vielleicht auch schon verzweifelte Hoffnungen, Wunschvorstellungen eines Vierzehnjährigen. Sobald es die Temperaturen halbwegs zuließen, zeigte ich ihm, was ich zu bieten hatte, in hautengen Achselhemden und in Shorts, die damals noch wirklich kurz waren und nicht weit und unförmig bis mindestens in die Kniekehlen hingen. Eigens fuhr ich eine Station mit dem Zug, damit mein Prinz mich beobachten konnte, wenn ich in dafür idealer Entfernung von seiner Bude auf dem Bahnsteig wartete.

Tage- und wochenlang zermarterte ich mir das Hirn, wie ich, was ich Wesentlicheres mit dem Braunauge reden konnte. Vor allem darüber, worum es mir ganz wesentlich ging: mich mit ihm zu verabreden. Mit ihm ins Kino zu gehen oder Platten zu hören. Mit ihm eine Zigarette zu rauchen. Auch schon *vor* dem, wovon ich am meisten träumte.

Doch eines Tages, noch bevor ich mir etwas ausgedacht hatte, war der Imbissstand geschlossen. Und er wurde auch nicht mehr geöffnet, sondern bald darauf abtransportiert. Ich habe nicht versucht herauszubekommen, ob er irgendwo anders aufgestellt wurde, dazu ist die Stadt zu groß. Den wunderschönsten Wurstverkäufer der Welt habe ich nie wiedergesehen. Doch der Duft einer Opferwurst lässt mich bis heute an ihn denken und mich so unruhig und hormongesteuert werden wie ein Vierzehnjähriger. Weshalb mein Schatz mir dieses Geruchserlebnis zu besonderen Anlässen gönnt. Und dann geht's nicht nur um die Wurst, sondern auch an.

Weil es Landliebe ist

Volker Surmann

Jedes Bauernkind entwickelt auf kurz oder lang eine tiefe innere Beziehung zu den Objekten auf dem elterlichen Hof und verliebt sich in eine Zuchtsau, ein Huhn, einen Traktor – oder zumindest eine Zuckerrübe.

Bei mir war es Erna. Sie war die erste große Liebe meines Lebens. Ich war drei und sie eine Schwarzbunte. So nennt man schwarze Kühe mit weißen Flecken.

Die Farbenlehre der Milchviehwirtschaft ist verwirrend. Braune Kühe mit weißen Flecken nennt der Züchter rotbunt. Eine lila Kuh mit weißen Flecken hieße demzufolge buntbunt. Interessanterweise werden in Gegenden mit vorwiegend katholischer Bevölkerung vermehrt rotbunte Kühe gehalten, in evangelischen Landstrichen dagegen schwarzbunte. Von den Kühen auf der Weide kann man also auf die Soutane des örtlichen Pfarrers schließen.[1]

Erna war also evangelisch. Das traf sich gut. Das war ich auch. Ich wusste zwar nicht, was das hieß, aber es war gut so. Es war sicherlich schon problematisch genug,

[1] Eine These übrigens, die man sehr gut in Berlin überprüfen kann. In der weitgehend säkularisierten Hauptstadt gibt es nur 19 Prozent Protestanten und 10 Prozent Katholiken. Entsprechend wenige Kühe sieht man im Stadtbild.

dass sie Kuh und ich Kind war, da war es gut, etwas Gemeinsames zu haben.

Erna war kein wirklich schöner Name, aber alle unsere Kühe fingen mit E an. Erna stand in einer Reihe mit Esther, Elena, Edith, Elke, Elise, Evelyn, Ellen, Elsbeth und Endivie.[2]

Sie war überwiegend schwarz, mit ein paar süßen weißen Flecken. Einen einzelnen davon mittig auf der Stirn. Erna war eine bildschöne Kuh. Sie hatte große Kuhaugen, aber das störte mich nicht, denn sie guckte mich immer freundlich an und hörte mir zu, wenn ich ihr erzählte, was ich im Sandkasten erlebt hatte, und ließ sich dabei sogar ihre Schnauze streicheln.

Kühe sind geduldige Zuhörer und können ungemein interessiert gucken. Ab und an nicken sie mit dem Kopf, kauen nachdenklich vor sich hin und sagen in regelmäßigen Abständen: »Hmmmmm«. – Eine Kuh ist die geborene Psychotherapeutin.

Kühe gucken nicht nur interessiert, sie sind sogar ungemein neugierig: Kühe auf der Weide kriegen alles mit. Jeder Spaziergänger, der schon mal eine Kuhweide passiert hat, wird die Erfahrung gemacht haben, dass ihm mindestens eine Kuh den gesamten Weg lang verfolgte. Kühe sind die Stalker unter den Nutztieren.

Ich interpretierte die Neugier der Kühe stets als Ausdruck von Intelligenz. Kühe stehen unendlich lange Tage im Stall und kauen vor sich hin, da hat man ziemlich viel

2 Wir fanden das immer doof, meine Geschwister Valerie, Verena, Viktor und ich. Die Buchstaben im Stall änderten sich übrigens mit der Zeit. Ein paar Jahre später standen dort Lara, Laura, Lena, Leonie, Lisa, Lucy, Lotta, Liane, Lilo und Luise. Heute wäre das eine Grundschulklasse im Prenzlauer Berg.

Zeit zum Nachdenken. Zum Beispiel über die Frage, warum man eigentlich fünf Mägen hat. Überhaupt muss, wer fünf Mägen hat, schon über ein mathematisches Grundverständnis verfügen. Kühe sind also sehr klug. Sie sind die intellektuellen Damen unter den Stalltieren! Man sollte sie nicht Erna oder Elena nennen, sondern lieber Elfriede Jelinek oder Hildegard Hamm-Brücher. Das würde auch etwas frischen Wind in den Hofalltag bringen:

»Hermann, Hamm-Brücher erfüllt die Milchquote nicht.«

»Walter, ich hab andere Sorgen, Jelinek ist wieder bullsch.«

»Bullsch« ist eine Kuh, wenn sie rattig ist. Sie schreit nach einem Bullen. Dazu muss man wissen: Kühe können sehr laut schreien. Regelmäßig drang das heiße Rufen der bullschen Kühe bis hoch in den ersten Stock unseres Hauses, wo ich mir in meinem Kinderbett die Höllenqualen ausmalte, die Erna und ihre Freundinnen dort unten wohl gerade litten. Dass unerfülltes sexuelles Verlangen tatsächlich zum Schreien sein kann, lernte ich erst viele Jahre später.

Kühe sind emanzipierte Tiere. Die Frau schreit, und der Mann kommt. In diesem Fall aber kein stattlicher Bulle, sondern Holger, der schlaksige Besamungstechniker.

Besamungstechniker ist ein seltsamer Beruf, die Bezeichnung klingt ein wenig nach Callboy, was in gewisser Hinsicht auch stimmt: Man ruft ihn an, und dann besorgt er's der Kuh. Besamungstechniker sind staatlich legitimierte Sodomiten, die es für Geld machen. Er gibt der Kuh das Sperma desjenigen Bullen, den der Bauer vorher im Katalog ausgesucht hat. Die hießen meistens Vincent, Leon, Dragon oder Hartmut.

Manchmal frage ich mich, was es mit einem macht, wenn man schon als Dreijähriger mit ansehen muss, wie Holger, der Besamungstechniker, seinen Arm bis fast zum Schultergelenk im Popo einer Kuh versenkt. Solche Bilder wird man zeitlebens nicht mehr los.

Natürlich verstand ich irgendwann, dass diese Tätigkeit in einem gewissen Zusammenhang mit späteren Kälbergeburten stand. In Bezug auf Kühe war ich sehr früh aufgeklärt. Der Transfer auf den Menschen brauchte allerdings noch etwas länger.

Erna hatte schon viele Kälbchen geboren. Sie war eine erfahrene Kuh und schon lange bei uns im Stall. Inzwischen gab sie immer weniger Milch als ihre jüngeren Kuhsinen, deren Euter so prall unter dem Körper hingen, als seien sie mit Silikon aufgepolstert. Erna erfüllte die Milchquote nicht mehr. Mein Vater wollte sie weggeben.

Das konnte ich natürlich nicht akzeptieren. Ich wollte, dass Erna mit einem allerletzten Kälbchen gemeinsam auf der Weide herumtollen und irgendwann einen friedlichen Kuhtod sterben durfte. Ich hab meinen Vater angefleht, Erna zu verschonen, weil sie meine Lieblingskuh war. Aber Lieblingskühe gibt es in der Landwirtschaft nicht.

Irgendwann musste ich mit traurigen Augen mit ansehen, wie Erna ein letztes Mal den Stall verließ, zur Weide guckte, und dann etwas unschlüssig vor dem Viehanhänger stand, in den sie nun offenbar hineinsollte. Dann drehte sie ihren Kopf noch einmal in meine Richtung und guckte mich mit ihren großen Augen traurig an. Ich brach in Tränen aus, und mein Vater gab sich Mühe, Erna nicht allzu unsanft in den Viehanhänger zu bugsieren.

Ein paar Tage später gab es bei uns Nudeln mit Gulasch – eins meiner Leibgerichte. Ich haute rein, und beiläufig sagte mein Vater: »Das ist übrigens Erna.«

Es sind wohl dies die Verletzungen, die ein Kind zum Manne reifen lassen. Ich jedenfalls habe in diesem Moment eine wichtige Lektion fürs Leben gelernt: Liebe geht durch den Magen.

Die Melone

Felix Jentsch

Es war im Sommer. Ich wollte meinen Kindern eine Freude machen und hatte eine schöne Wassermelone gekauft. Zu Hause kam mir der Einfall, ihnen die obligatorischen Anweisungen beim Reinkommen (Schuhe ausziehen, Hände waschen, Auf Toilette geh'n) mal ohne den üblichen autoritären Druck zu übermitteln.

Deshalb ließ ich die Melone sprechen. Ich verstellte dazu einfach die Stimme und wackelte dabei ein bisschen mit der runden Frucht, und schon war die Illusion perfekt. Ganz ohne Zwang im Ton, mit kinderfreundlichem Gepiepse, erreichte jetzt die köstliche Frucht bei meinem Nachwuchs, dem sie sich als »Melonie, aus Spanien« vorgestellt hatte, dass sich beide schnell und ohne zu murren entkleideten, wuschen und erwartungsfroh an den Tisch setzten. So reibungslos hatte ich diesen Vorgang selbst noch nie herbeiführen können.

Und weil mir das Spiel Freude bereitete und auch die beiden Kleinen großen Spaß am Dialog mit dem »dicken Mädchen aus Obst« zu haben schienen, alberte ich noch eine ganze Weile herum, ehe ich schließlich das große Messer holte.

Was folgte, ist eine Verkettung undurchdachter Handlungen. Im Nachhinein mache ich sie mir sehr zum Vorwurf. Ich kann dafür nicht einmal eine erhellende Erklärung abgeben, es kam einfach über mich: Kurz bevor ich das Messer sausen ließ, gab ich im Ton von Melonie ein flehendes, abgerissenes Wimmern von mir, etwa so: »Nein! Noch nicht! Bitte bitte!!!« Und im Moment, als die Klinge mit kühnem Schwung die gespannte grüne Schale spaltete, dass es knallte, entwich meiner Kehle ein langer unmenschlicher Schrei ...

Das Gebrüll ließ nicht nach, als ich den Mund wieder schloss. Meine Verwirrung wich schnell. Die Kinder, beide, saßen in erbärmlich verkniffener Haltung auf ihren Stühlchen und bissen sich panisch quiekend in die Faust. Was hatte ich nur angerichtet?

Es versteht sich von selbst, dass sie seit diesem Tag keine Früchte, jedenfalls keine, die sie als solche erkennen, mehr angerührt haben. Wenn sie jetzt, wo es Herbst wird, aus Mangel an Vitaminen erkranken, ist das meine Schuld. Es tut mir unendlich leid.

P.S.: Heute Abend habe ich beide dabei beobachtet, wie sie mit den sauren Gurken sprachen. Es waren beruhigende, zärtliche Worte voller Mitgefühl. Als mein Junge mich bemerkte, packte er das Gurkenglas, drückte es schützend an sich und ließ es nicht mehr los.

Diese angeborene Gabe zu Empathie rührt mich zu Tränen. Sie beweist, dass der Mensch im Naturzustand ein friedliebendes Wesen ist. Aber irgendwann muss man doch wieder zur Besinnung kommen. Klar, ich komme mir vor wie der furchtbarste Vater, aber es ist an der Zeit einzuschreiten. Wenn er fest schläft, mein Sohnemann, dann hol ich zumindest die Tomaten und die Paprika unter seinem Kopfkissen hervor. Den Weißkohl und die Gurken kann er ja meinethalben noch ein Weilchen behalten.

Tag des Milchleids

Heiko Werning

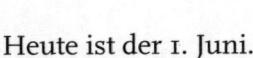

Heute ist der 1. Juni.

Der 1. Juni ist der »Internationale Tag der Milch«. Sagt die FAO, die Welternährungsorganisation.

Der 1. Juni ist der »Internationale Tag des Milchleids«. Sagt PETA, die Tierrechtlerorganisation.

Ratlos stehe ich vor meinem Kühlschrank und blicke auf die Packung Milch darin. Das Verfallsdatum naht. Die Milch könnte sauer werden. Ob sie schlimm leiden muss?

Auf der Homepage www.peta.de/milchmachtkrank finden sich »*8 Gründe, Milchprodukte vom Speiseplan zu streichen*«. Zusammengefasst: Milch ist die weiße Hölle. Man stirbt an ihr, früher oder später. Früher oder später werden wir alle sterben, sicher, aber dass ausgerechnet Milch schuld daran ist? Doch, die Milch macht's. Krebs zum Beispiel: »*Einige Krebsarten wie beispielweise Eierstockkrebs wurden bereits mit dem Konsum von Milchprodukten in Verbindung gebracht. Laut einer Studie von Dr. Daniel Cramer kann der Konsum von Milchprodukten negativen Einfluss auf die Eierstöcke der Frau haben.*« An Osteoporose ist Milch auch schuld, an Diabetes und Herz-Kreislauf-Erkrankungen sowieso, es ist ein Wunder, dass überhaupt noch Menschen leben. Mich würde nur interessieren, wie diese Studien eigentlich zustande gekommen sind. Haben die geguckt, wie die Krebs-, Osteoporose- und Diabetes-Patienten sich ernährt haben? Und dann festgestellt: »Donnerwetter, die haben ja alle Milch getrunken, Milch ist der totale Horror«?

Und so schreibt PETA auf www.milch-den-kuehen.de: »*Milch – der totale Horror*«. Doch zum Glück gibt es Hoffnung: »*Als Antwort auf den Milchbauernstreik und die damit verbundene Verknappung der Milchreserven liefert PETA Deutschland e.V. die Lösung: Sojadrink. ›Es ist nur noch eine Frage der Zeit, bis der Sojadrink die Kuhmilch ablöst‹, so Tobias-Jan Hagenbäumer von PETA.*«

Wer Milch trinkt, quält Tiere, und wer Tiere quält, quält auch Menschen. Als beispielsweise ein Drogenkranker einen Holzklotz von einer Autobahnbrücke warf und eine Autofahrerin dadurch tötete, fragte PETA: »*Hätte der Holzklotz-Mord verhindert werden können? Täter war schon als Tierquäler auffällig.*« Und zwar nicht mal nur durch Milchkonsum, sondern: »*Mittlerweile wird bekannt, dass der Holzklotz-Täter von Oldenburg in der Vergangenheit schon mal eine Katze tierquälerisch behandelt hat. Da das Tier nicht umkam und wohl auch keine größeren Blessuren davontrug, wurde diese tierfeindliche Einstellung des Täters nicht weiter beachtet. Die Tierrechtsorganisation PETA Deutschland e.V. fragt sich nun, ob der heimtückische Holzklotz-Mord nicht hätte verhindert werden können.*« Das sind so Fragen.

Auch Natascha Kampuschs Peiniger war einschlägig auffällig: »*Zeitungsmeldungen zufolge wurde Priklopil beob-*

achtet, wie er in seinem Garten saß und mit einem Klein-
kalibergewehr auf Vögel schoss und offensichtlich Spaß dabei
hatte, wie die Tiere hilflos, einbeinig, und schwer verletzt zu-
sammenbrachen und starben. Priklopil sei zwar vernommen
worden, leugnete jedoch die Tat.« Woraus PETA schließt:
»Frau Kampusch hätte womöglich früher gerettet werden
können, hätte man die Anzeige wegen Tierquälerei zwei Jahre nach Nataschas Verschwinden ernster verfolgt.«

Aus Milchtrinkern werden also Schwerverbrecher. Nur,
was tun mit all den zukünftigen Massenmördern? Jeden
Jugendlichen wegsperren, der mal als Kind sein Meerschweinchen vernachlässigt hat? Unterbringungsmög-
lichkeiten gäbe es dann immerhin genug – die Ställe für
Milchkühe wären ja frei und neu zu besetzen.

Aber Tierrechtler sind keine Unmenschen, im Gegen-
teil. Pressemitteilung PETA: »Die Tierrechtsorganisation
PETA Deutschland e.V. möchte die drei Jugendlichen, die am
Mittwoch Abend an einem privaten Fischteich in Helpenstell
Goldfische getötet haben, zu Vegetariern machen. Aus diesem
Grund lässt ihnen die Organisation eine Fisch-Informationsmappe und eine vegetarische Starterbroschüre zukommen.«
Diese Fisch-Informationsmappe wird den Jugendlichen
ganz neue Welten eröffnen: »Fische sind clever, schmerz-
empfindlich und sensibel, fühlen Angst, Freude und Stress. Sie
gründen Familien und schließen Freundschaften. Sie spielen
sogar Fußball.« Man hätte es ahnen können: Kaum wird
dieser Frauenfußball salonfähig, brechen alle Dämme.

Insgesamt leben die PETAner ganz nach dem Motto:
Wenn dir jemand auf die rechte Wange schlägt, dann halte ihm ein vegetarisches Starterkit hin. »Die Tierrechtsor-

ganisation PETA Deutschland e.V. möchte Mertino A., den Fast-Kannibalen aus Cottbus, zum Vegetarier machen. Aus diesem Grund hat ihm die Organisation am Montag ein vegetarisches Starterkit auf das Landgericht in Cottbus geschickt, wo derzeit seine Verhandlung läuft. Aus Presseberichten geht hervor, dass Mertino A. versucht haben soll, eine Frau zu beißen, ›um zu wissen wie sie schmecke‹ (...) Die Organisation hofft, dass der junge Fleischliebhaber in Zukunft davon absehen wird, Frauen anzugreifen, um sie zu essen, denn Menschen, die ihres Fleisches wegen getötet werden, leiden sicher genauso wie die 570 Millionen Tiere, die in Deutschland Jahr für Jahr ihr Leben unfreiwillig verlieren.« Kannibale ist eben Kannibale, ob er nun Stücke aus saftigen Säuen reißt oder aus fleischigen Cottbusserinnen, es ist ja im Grunde das Gleiche. Hätte dem ostdeutschen Frauenfreund aber jemand gesagt, dass es auch leckeres Gemüse gibt, das zudem auch noch gesünder ist, er hätte bestimmt nicht zugebissen: »*Da Sie angeblich ›Gier nach Fleisch‹ empfinden und ›Frauen aufessen‹ möchten, hilft es Ihnen vielleicht zu wissen, dass es hervorragende, vegetarische Gerichte gibt, die denselben Geschmack haben wie Fleisch, aber ohne den Nebengeschmack von Grausamkeit und ohne Cholesterin*«, so PETA Deutschland e.V. in seinem Brief an Mertino A. Das Cholesterin-Problem von Kannibalen gehört ja ohnehin zu diesen letzten großen Tabus.

Sollten die goldfischquälenden Jungs und frauenverschlingenden Cottbusser trotz aller vegetarischen Starterkits nicht auf den erlösenden Soja-Geschmack kommen, kann man sie ja immer noch einsperren. Ins Gefängnis von Aachen beispielsweise. Denn: »*Wie steht es eigentlich mit vegetarischer Ernährung in deutschen Haft-anstalten?*«, fragte PETA und präsentiert die »*Top-10-Liste der vegetarierfreundlichsten Gefängnisse*«. Und Aachen ist auf Platz 1, denn hier gibt es »*täglich Sojawürstchen, Sojaflocken, Sojagranulat, Sojamilch*«.

PETA-Gründerin Ingrid Newkirk bat einstmals Jassir Arafat in einem Brief, keine Tiere mehr als lebende Bomben nach Israel zu schicken. Auf die Frage, warum sie nicht gefordert habe, einfach ganz mit den Anschlägen aufzuhören, antwortete sie: »*Es ist nicht meine Aufgabe, mich in menschliche Kriege einzumischen.*« Jedenfalls nicht, solange nicht aktenkundig wird, dass die Soldaten Milch trinken.

Der 1. Juni. Heute ist also der »Internationale Tag des Milchleids«. Ich setze ein Zeichen der Solidarität. Beherzt greife ich in den Kühlschrank – darauf ein Gläschen Milch.

Fleischsaft – frisch gepresst

Mirco Drewes

Ich erinnere mich noch gut an meine Kindheit in West-falen. Zumindest wenn die Wirkung der Tabletten nach-lässt. Die Frauen waren in jenen Tagen meiner Unschuld riesenhafte Matronen mit wallenden Haaren unter den Armen und auf den Zähnen. Die Männer brachten den Korn heim und kotzten ihn heimlich auf die Felder. Man verständigte sich mit Grunzlauten und sog das ptolemä-ische Weltbild aus dem Sand der Geschichte, in den alle, wenn die Mittagssonne brennend im Zenit stand, die Köpfe steckten. Die Welt, in der ich aufwuchs, war eine Scheibe mit einer scheußlichen geblümten Tischdecke, um die Ochs und Esel, nebst einigen weiteren essbaren Säugetieren, kreisten. Das war in den 1980er-Jahren.

Doch auch wir Westfalen stellten uns die Gretchenfra-gen der Ernährung, wenn uns der Hunger wie die Faust im Magen saß. Zum Beispiel: Wann gibt es endlich Es-sen? Oder auch: wie viel? Und ganz besonders: blutig, medium oder schön durch?

Das Schönste waren für mich als Kind, im Nachhin-ein betrachtet, die großen Familienessen, zu denen sich die ganze Familie oder, wie Vatter immer angeekelt sag-te, »die komplette Sippschaft« versammelte. Zumindest

wenn man einem Schönheitsbegriff anhängt, der Gemäl-
de wie Munchs »Der Schrei« oder Paul Celans »Todesfu-
ge« einschließt.

Bei einem jener Festschmäuse bestellte Tante Mecht-
hild wie stets Hühnchen mit Schweinebratenfüllung auf
Rinderhacksalat und ein großes Glas Hühnerbrühe zur
Erfrischung.

Ich war fünf Jahre alt und ganz vernarrt in unsere Henne
Berta. Wir hatten das charakterstarke Federvieh vor einigen
Wochen bei uns zur Pflege aufgenommen. Dieses Huhn
dankte es uns durch beständiges Ausbüxen aus dem hei-
mischen Garten und zerstörte die gepflegten Blumenbeete
der Nachbarn auf seinen abenteuerlichen Streifzügen. Die
Anlieger, wie man im Deutschen so schön sagt, entwickelten dementsprechend Gelüste, unserer Berta den Garaus
zu machen, und fragten sich wohl auch, ob der evolutionär
angemessene Aufenthaltsort für ein solches Lebewesen
nicht die Suppenschüssel sei. Ich jedoch versuchte, Berta
beizubringen, wie sie mit einem Schlüssel im Schnabel
den Lack der in unserer Siedlung parkenden Autos zer-
kratzen könne. Mein Herz hing an diesem Huhn.

Also neuen Einflüssen ausgesetzt, fragte ich Tante
Mechthild ratlos, ob es denn überhaupt richtig sei, ein
Huhn zu essen. Denn ich hätte nicht gewollt, dass jemand meiner Berta eine Feder auch nur krümmte. In
der Erkenntnis, dass Tiere einen Charakter haben, sah
ich meinen eigenen Charakter sich ausbilden.

Doch solche albernen Flausen schätzte man in Westfalen gar nicht. Tante Mechthild sah mich lange zornig an,
dann nahm sie einen tiefen Schluck Hühnerbrühe und

setzte schließlich zu meiner Aufklärung an: »Wir essen ja nicht ein bestimmtes Huhn, so darfst du dir das nicht denken. Wir essen einfach Hühnchen, ganz allgemein.«

Ich begriff: »Hühnchen« war also gar kein Substantiv, sondern ein Adverb. Man isst hühnchen, so wie man langsam oder reichlich isst. In diesem Stadium meiner Entwicklung beruhigte mich diese Erklärung, wenn auch ein Funke an Zweifel in den Tiefen meiner Seele weiterglühte. Tante Mechthild musterte mich über die Dauer dieses Abendmahls verstohlen von der Seite und gab sich erst zufrieden, als ich ihr zuliebe so viel Hühnchen gegessen hatte, dass ich schlimmes Bauchweh bekam. Liebevoll tupfte sie den mir aus den Mundwinkeln rinnenden Fleischsaft mit einem Stofftaschentuch ab und kippte ausgelassen aufstoßend einen Doppelkorn hinter.

Zehn Jahre später, Tante Mechthild war immer noch alt und ich aß immer noch der persönlichen Gewohnheit und den Gebräuchen der Heimat folgend Fleisch, stand aus Anlass der Beerdigung von Tante Mechthilds Mann ein ritueller Leichenschmaus an. In der Konsequenz des Todes von Onkel Manfred, der an seinem Bluthochdruck und durch konkreten Cholesterinschock verschieden war, mussten natürlich auch viele Tiere ihr Leben lassen; Tante Mechthild hatte Hunger und aß an diesem Abend besonders viel Fleisch. Ihr »Manne« hatte mit Sicherheit nicht den Russen überlebt, damit nun Frikadellen seines heroischen Ansehens spotteten.

Ich hatte kürzlich die Erlebnisberichte einiger Kameraden gehört, die sich im Agrarbetrieb eines Klassenkameraden, der »der Hühnerbaron« unseres Dorfes genannt wurde, beim »Ausstallen« ein paar Mark dazu verdient hatten. Alles, was ich über die Haltungsbedingungen, den Umgang mit den Hühnern und das beiläufige Totknüppeln hörte, hatten meine Zweifel an der moralischen Botmäßigkeit der Massentierhaltung genährt. Mir lag dieser Konflikt im Magen wie Tante Mechthild das blutige 400-Gramm-Steak. Mittlerweile hatte ich mir längere Haare wachsen lassen und hörte privat im stillen Kämmerlein gern laute Musik von Gruppen wie »Eisenpimmel« oder »Knochenfabrik«. Wenn ich mich nun noch vegetarisch zu ernähren gedachte, so liefe ich sicherlich Gefahr, im Dorf geteert und gefedert zu werden; so flüsterten es mir die Vorsicht zu und der durch Selbstgebrannten erblindete Seher unseres Dorfes, Karl-heinz-Jupp.

Lustlos stocherte ich in meinem Ragout herum, als der Blick Tante Mechthilds auf mich fiel. »Watt is denn mit dir? Schmeckt's dir nich?«, fragte sie mich teilnahmsvoll drohend. »Na ja«, antwortete ich schüchtern, »ich habe neulich etwas über die Bedingungen gehört, unter denen die Massentierhaltung abläuft. Und jetzt, Tante Mechthild, frage ich mich, ob das alles so richtig ist ...«

Tante Mechthild fiel ein Stück Hackfleisch aus dem Mund, und sie sah mich aus fassungslos hassgeweiteten Augen an. »Ja«, rülpste sie, »was sollen wir denn sonst mit diesen ganzen Massentieren machen? Willst du die alle freilassen, sodass Hühner die Bremsschläuche unserer Autos kaputthacken, Schweine unsere Ernten fressen und Kühe ihre Milch an die Kälber verschwenden? Das ist doch krank, was ihr jungen Leute euch so ausdenkt, wenn euch langweilig wird!«

Ich versteckte mich unter dem Tisch und gegenfragte ängstlich: »Aber wenn man so sieht, dass unter diesen Tieren eine gnadenlose, maschinelle Selektion stattfindet, dass die nicht lukrativen Tiere vergast werden und die anderen nur leben, um für unsere ungesunden Gewohnheiten und unser ignorantes Weltbild zu leiden und schließlich auch zu sterben, dann ist das doch irgendwie faschistisch, oder, Tante Mechthild?«

Jene fragte sich wohl, wofür ihr Manne gestorben war, wenn jetzt Halbstarke mit fragwürdigen Frisuren ihr Ragout nicht mehr essen wollten. Sie kreischte: »Ich zeig dir gleich mal, was Faschismus ist! Willste jetzt nur noch Beilagen fressen?« Ich hielt schützend ein Salatblatt vor meine Feigen und entgegnete, dass man dieses Verzichtsmoment nicht so hoch hängen müsse, denn wenn man sich in anderen Küchen als der deutschen umschaue, stoße man auf einen unendlichen Reichtum köstlicher und raffinierter fleischloser Speisen. Doch Tante Mechthild war jetzt einmal in wilder erzkatholischer Fahrt und brüllte: »Komm mir nicht mit Verzicht: Wir haben nach dem Krieg auch manchmal wochenlang ohne Fleisch gelebt. Gab nämlich keins. Das hat uns auch nicht umgebracht!« Verwirrt dachte ich einen Moment, Tante Mechthild und ich könnten, wenn die Diskussion so weiterginge, bald mal zusammen eine Falafel essen gehen. Doch sie fuhr wie wahnsinnig fort: »Deshalb ist es auch unsere verdammte Pflicht, so viele Tiere wie möglich zu essen. Weil wir das schon immer gemacht haben, weil es nämlich geht! Macht euch die Welt untertan!«

Ich kroch unter dem Tisch hervor und sagte versöhnlich: »Ich respektiere deine Meinung völlig und möchte dich nicht bekehren, liebe Tante Mechthild. Ich halte die Ernährungsweise für eine persönliche Entscheidung, auch für eine Gewissensentscheidung. Und ich persönlich werde Vegetarier.« Ein aufrichtiges Wort zur rechten Zeit kann einen Menschen ändern. Aber keinen Westfalen. Tante Mechthild haute mir, ihrem Fleisch und Blut, mit ihrem Wiener Schnitzel saftig eine runter, dass selbiges nur so spritzte. Keine Angst, es war kein Menschenblut.

Den fettigen Abdruck des Fleischsaftes trug ich wochenlang stolz auf meiner Wange. Es war mein westfälisches Kainsmal, das Mal desjenigen, der nicht länger bereit war, seine kreatürlichen Brüder und Schwestern totschlagen zu lassen. Ich wurde Vegetarier und lebte sehr gut damit. Ich musste einige Jahre später, auf der Beerdigung von Tante Mechthild, sogar kichern. Ich hatte die Blumen für das Grab eben verspeist und warf daher spontan an der Grube stehend ein Toasty-Schnitzel auf den Sarg, das man meinem zweijährigen Cousin Kevin zum Nuckeln gegeben hatte, weil sein Schnuller vergessen worden war. Alle lachten herzlich, zumindest, als mich der Dorfpfarrer feierlich exkommunizierte und dem Mob seinen Segen zum Verprügeln meiner vegetarischen Wenigkeit gegeben hatte.

Letzte Woche saß ich mit den neuen Mitbewohnern eines Freundes um einen nachlässig gedeckten klapprigen WG-Küchentisch irgendwo in Kreuzberg. Im Schein der sauteuren Second-Hand-Designerlampe, nach dem Genuss einiger biologisch gebrauter Biere und selbstgemachter Grünkernbratlinge überkam mich ein eindeutiger Appetit. So fragte ich, ob im Kühlschrank noch ein Stück Käse und ein paar Eier zu finden seien. Ich hätte Lust auf ein hübsches Omelett. Entrüstet fragte mich Claire-Denise, Ethnologiestudentin im achtzehnten Semester, was ich denn wohl für eine provinzielle, unreflektierte Tierschändersau sei. Die Milch gehöre doch wohl den Kühen und die Eier müssten ins Nest!

Ich entsetzte mich völlig verdottert: »Auch noch den Käse …! Das geht doch nicht, Käse ist doch mehr als ein Nahrungsmittel, Käse ist eine Lebenseinstellung.«

»Wohl eher eine Frage von Leben und Tod für die vielen geschändeten Tiere«, korrigierte mich Claire-Denise. Und setzte überlegen hinzu: »Ich bin transzendentale Veganerin, Erleuchtungsstufe vier. Ich esse nichts, was von Tieren kommt oder von Tieren gefressen werden kann.«

Ich weiß nicht, wie mir geschah oder was mich in diesem Moment packte. Jedenfalls ohrfeigte ich Claire-Denise mit meiner Dinkelfrikadelle. Fortan wurde ich nicht mehr zum Essen eingeladen und auch misstrauisch beäugt, wenn ich trotzdem erschien und grimmig bekundete, nur noch »zum Trinken zu kommen«.

Doch am Abend meiner Entgleisung saß ich noch stundenlang am Ufer der Spree und fütterte die Enten traurig mit selbstgebackenen Seitan-Nuggets. Plötzlich musste ich an Tante Mechthild denken. Wie sie mich mit einem Schnitzel geprügelt hatte, wie einen überfressenen dekadenten Hund, weil sie sich durch meine Anschauung in Frage gestellt gefühlt hatte. Ich lächelte und beschloss, den Satz »Leben und leben lassen« nicht nur auf mich und meine Mittiere anzuwenden, sondern auch auf meine Mitmenschen. In Gedanken versunken glaubte ich zu spüren, wie mir ein Gemisch aus Fleischsaft und Bratfett in den Hemdkragen lief.

Bei Pferderennen gibt es wenigstens mehrere Durchläufe

Jakob Hein

Nachdem ich nie stolz darauf gewesen war, Fleisch zu essen, bin ich im vorigen Jahr, so wie alle, Vegetarier geworden. Fleischessen war mir bis dahin so wie Popeln vorgekommen: Viele machen es, kaum einer spricht darüber, und es gibt keinen Grund, darauf stolz zu sein. Als schließlich 2010 die Modewelle aufkam, machte ich einfach mit. Täglich schnurpste ich rohe Möhren, steckte mir umständlich Salatblätter in den Mund und futterte rohe Gurken, was bei genauer Betrachtung auch nichts anderes als Wassertrinken ist. Einer der wenigen verbliebenen Genüsse war das Essen von Tomaten mit Mozzarella und Olivenöl.

Und dann das: EHEC. Die Bundeslandwirtschaftsministerin warnt vor Gurken, Salat, Sprossen und Tomaten. Es stellt sich heraus, dass diese sogenannten Lebensmittel voll sind mit tödlichen Darmbakterien. Ich hatte bis dahin nicht mal gewusst, dass Gurken einen Darm haben. Vielleicht sind es auch Mutanten, Darmbakterien, die sich aufgrund des stark gesunkenen Fleischaufkommens wegen des vegetarischen Flächenbrandes, der ganz Europa erfasst hat, die Nische des Gemüsebefalls gesucht haben. So wie auch die Pest auf die Menschen auswich, als es nicht mehr genügend Ratten gab, haben sich offensichtlich diese Enterobakterien auf Gurken, Salat und Sprossen geworfen.

Fleisch ist das einzige natürliche, gute Nahrungsmittel, mit dem es nie Probleme gegeben hat und nie Probleme geben wird, das einzige Lebensmittel, das man ohne grundlegende Probleme herstellen kann. Schinken, Koteletts, Kutteln und Nierchen sind und bleiben die Nahrungsgrundlage des Menschen, die Produktion von Milliarden von Schweinen ist die einzige Antwort auf die Welternährungsfrage. Bisher unterdrückt die Regierung noch die Berichte über die Bohnengrippe, die Kartoffelangina und die Reispocken, aber die Wahrheit wird sich ihren Weg an das Licht der Öffentlichkeit bahnen. Ich komme mir so vor, als hätte ich noch im letzten Moment ein Ticket auf der Titanic ergattert, als wäre ich Anfang Mai 1945 nach langen Erwägungen endlich doch noch der NSDAP beigetreten, aus politischen Gründen.

Dass mich die dauerfleischfressenden Kollegen jetzt aus ihren wohlgenährten Schweinsgesichtern speckglänzend angrinsen werden – damit kann ich leben. Die Kollegen finden immer einen Grund zu grinsen.

Aber bei uns zu Hause wird nichts mehr so sein, wie es war. Wir sind verzweifelt und wissen nicht, wie wir es den Kindern beibringen sollen. Zur Erläuterung unserer vegetarischen Lebensweise haben wir ihnen Videos von der Tierproduktion gezeigt. Stundenlang. Sie durften mit festgeklebten Augenlidern die vierzehn eindrucksvollsten Videos ansehen, die PETA jemals gefilmt hat. Seitdem wollen sie kein Fleisch mehr essen. Und wir haben es uns angesehen: Die Videos von der Gemüseproduktion sind leider nicht annähernd so beeindruckend wie die der Schlachtung von Tieren. Klar ist es auch schlimm, wenn das Messer den Salatkopf von seinem Wurzelbett schneidet, aber es spritzt kein Blut, und der Überlebenskampf des Gewächses ist auf dem Filmmaterial nur sehr schwer erkennbar. Auch die Tomaten scheinen freiwillig, nahezu suizidal in die Hände ihrer Schlächter zu fallen. Kinder kann man damit nicht beeindrucken.

Wir können und wir wollen ihnen nicht die Wahrheit sagen. Wir können uns nicht eingestehen, dass wir einen riesigen Fehler gemacht haben. Doch müssen wir zum Fleisch zurück, dem einzig Gesunden, Wahren. Verzweifelt versuchen wir, das Gesicht zu wahren.

»Mami, warum schmeckt der Salat heute so komisch?«, fragt meine kleine Tochter. Wie gern würden wir ihr die Wahrheit sagen, dass das, was wir ihr als Salat gegeben haben, in Wirklichkeit dünn geschnittener Kochschinken ist, der leicht verschimmelt und vertrocknet mit ein bisschen grüner Lebensmittelfarbe einem Salat etwas ähnlich sieht. Leichter ist es mit den »Tomaten«: Hier formen wir Kugeln aus frischem Schweinehack und sagen, es sind Würztomaten. Aber Gurken werden extrem schwer. Vielleicht können wir leicht gammelige Schweineläufe bekommen oder Krokodilpenisse?

Unsere Welt ist aus den Fugen geraten. Ich fürchte mich schon jetzt davor, was das Problem am Solarstrom ist, da bin ich nämlich auch seit einiger Zeit für. Ich bin gespannt, was sich als die eigentliche Segnung der Kernenergie herausstellen wird.

Die Kathedrale des Fleisches

Skizzen zu einem Horrorroman

Leo Fischer

war er immer ein fröhlicher Junge mit rot glänzenden Wangen gewesen. Er erinnerte sich noch, wie er beim alten Metzger Waibl immer ein Stück Gelbwurst bekommen hatte. Der alte Fleischhauer schien merkwürdig viel Gefallen zu finden an dem fülligen, etwas plumpen Schulbuben mit den weichen Zügen, der brav seine Snickers

Trotz seines Millionenerbes war er immer auf dem Boden geblieben.

Yvonne hatte er bei einem Beef-Tartar-Abend in Oldenburg kennengelernt. Wie sie da am Büffet gestanden war, ihr Blick hochkonzentriert, die Ärmel hochgekrempelt, ihre Arme beide tief in den rohen Fleischmassen

Hinrichtungen, wie sie der Ku-Klux-Klan zelebrierte. In allen sieben Körperöffnungen, so das Blatt weiter, hatten geschälte Zucchini gesteckt – doch konnte das nicht die Todesursache gewesen sein. Vielmehr war es der Ruccola, der in die Lungenflügel

Da musste er gleich seinen Kumpel Alex anrufen! Alex, der clevere Reporter und mutige Polizist – der wusste doch immer Bescheid, wenn ein unerklärlicher Mord

Der arme alte Waibl! Yvonne schauderte oder erschauerte. Sie wusste aus der Kirche, dass Vegetarier böse und lebensfeindlich waren. War Kain, der erste Mörder der Geschichte, nicht ein Gemüsebauer gewesen? Wohingegen das erste Opfer, Kains eigener Bruder Abel, nichts weiter als ein friedlicher Viehhirte

doch zu albern. »Du immer mit deinem Adorno«, lachte sie und

keine Trauerfeier wie jede andere. Der Priester verhaspelte sich mehrmals, die Angehörigen verspeisten ungeniert ihre Chickenwings. Lediglich die Witwe Waibl weinte heiße Tränen, die ihr wie zerlassene Butter übers Gesicht liefen – während die kugelrunden Waibl-Enkel in ihrer Unschuld über den Rasen tollten, ja rollten. Merkwürdig kleine Menschen, dachte Yvonne. Klein und dick!

Mike konnte es nicht glauben. Alex hatte ihm Brokkoli ins Hackfleisch gemischt! Diese schwule Sau wollte ihn umprogrammieren! Schon spürte er, wie der Testosteronlevel in seinem Körper rapide zu sinken begann, wie seine Gedanken sich unter der Einwirkung des teuflischen Gemüses den Themenkomplexen Frauen, Fußball und

Fermat abwendeten – und Worte wie »Inneneinrichtung«, »Matt Damon« und »Musicalmelodien« plötzlich an Bedeutung gewannen! Er versuchte, sich auf Dinge zu konzentrieren, die er mochte. Porsche. Linux. Und Alex' wohlgeformte Oberarme, mit ihrer zarten, goldblonden Behaarung. Nie zuvor waren sie ihm

unvorstellbar

hilfesuchend

schrecklich – und doch seltsam angenehm

also gar nicht tot? Die alte Witwe Waibl schien mehr zu wissen, als es den Anschein hatte. Doch konnte sie wirklich zugelassen haben, dass in dem Sarg statt des Körpers ihres Gatten ein rekordverdächtig langer Hackbraten

In seinen sonst so selbstsicheren, treuen Augen standen Tränen. »Liebling, das warst nicht du. Es war das Gemüse. Es hat dich dazu gezwungen.« Wie gerne wollte Mike ihr glauben. Doch konnte der Brokkoli wirklich so eine langanhaltende Wirkung haben? Mike war sich nicht sicher. Sicher war nur eins: Der Po von dem süßen Typen da drüben war doch mal so richtig

eine falsche Spur. Es gibt gar keinen Knackwurst-Klan, folgerte Yvonne, und die Morde an den Vegetariern mussten folglich

Es war, als würde ihr ein Stück Lebenskraft im Halse stecken. »Aber das würde doch heißen, die Würstel bestehen aus ...« Yvonne wagte nicht, den Satz zu Ende

Alex lachte: »Brauche ich nicht. Wie du sehr gut weißt, habe ich meine eigene Dauerwurst immer bei mir!« Finster und schamerfüllt blickte Mike seinem ehemaligen besten Freund und nunmehr Vergewaltiger

Alex lachte spöttisch.

Yvonne hob eine Augenbraue.

Mike keuchte auf.

spritzte der Lebenssaft

vor seiner Karriere als Dorfmetzger ein Genwissenschaftler von Weltrang – bis zu jenem Abend, als

versuchte seine Ketten zu lösen, während die Witwe Waibl langsam, Schritt um Schritt, das Bolzenschussgerät in der Hand, auf ihn zukam, wie das Gespenst einer Hexe, die nun untot als Vampir

»Brenne in der Hölle, Miststück!« Mit einem Rumms warf Alex die Tür der Riesenmikrowelle zu – und stellte auf »Schonend garen«.

Hier hinunter musste der Totgeglaubte geflohen sein!

Auch, wenn sie alle drei nun fast gänzlich nackt waren: irgendjemand musste jetzt einfach

fiel die Tür ins Schloss.

versuchte sich zu verstecken.

nahm ihn bei der Hand.

zyklopische Mauern, an denen uralte, steinerne Fleischerhaken hingen. Hieroglyphen zeigten eine lange Reihe von Tieren: Kühe, Schafe, Ziegen, auch längst ausgestorbene Riesenechsen und Säbelzahnhühner; Tiere von jeder Sorte, je eines männlich und eines weiblich, wie sie von einem rundlichen Oberpriester zu zwei rotierenden Klingen geführt wurden. Wie lange mochte es diese Metzgerei schon geben? Hatten schon die Bewohner des verlorenen Kontinents Muh

»Dummchen! Hast du denn in Biologie nicht aufgepasst? Angst macht das Fleisch schön zart!« Mike musste ihr recht geben. So waren die furchtbaren, dämonischen Wandgemälde also nur dazu da, die verängstigten Tiere

Genetiker, Metzger, Sektenführer – eine komische Berufswahl, fand Yvonne und tastete

lange, circa zwei Meter breite Kanäle – gefüllt mit dampfender Leberknödelsuppe, die sich, gleich ihren wasserhaltigen Verwandten in Venedig, im Fackelschein zu spät! Ein Strahl Barbecue-Soße schoss aus der Düse, und Alex stieß vor Überraschung einen Fluch aus – und blickte sich erschrocken um. Ein halbes Dutzend Schemen war im Gang hinter ihnen aufgetaucht, angelockt durch das Geräusch der antiken Maschinen. Es waren die Metzgerlehrlinge! Ihre Augen brannten vor nackter Gier, ihre Körper brannten vor gieriger Nacktheit, und ihre spitz zugefeilten Zähne waren selbst in der Dunkelheit ein bemerkenswerter Anblick! Mit einem heiseren Schrei versuchte Alex, sich den ersten der flinken Angreifer vom soßetriefenden Leib zu schaffen. Er kämpfte wie ein Löwe oder Pirat! Doch als die erste Gabel in seinen Schenkel

»Vertraust du mir?«

»Halt durch!«

»Wir müssen zusammenhalten.«

zu einem gewaltigen Abgrund, aus dem der Blutgeruch zu stammen schien. Yvonne konnte nicht viel sehen, außer einem riesigen, sich windenden, dunklen Schemen, einem kolossalen Pfannkuchen gleich. Aus der Finsternis war ein lautes Platschen, Schmatzen und Knurpsen zu hören. »Meine Damen, sehen Sie hier: Das Leben, noch einmal neu erschaffen!«, schrie der wahnsinnige Metzgermeister und wischte sich etwas Griebenschmalz von der Stirn, bevor er mit großer Geste fortfuhr: »Sich verzehrend und im Verzehren neu entstehend! In seinem eigenen Munde sterbend und sich an seinem eigenen Blute labend, ein niemals endendes Festmahl, in welchem Gast, Gastgeber und Speise in einer einzigen Kreatur verbunden sind. Meine Damen, ich präsentiere Ihnen: Autophagus, das sich selbst fressende Schnitzel!« Das hört sich nicht gut an, dachte Yvonne, und

mit vollem Magen zu laufen. Wo war nur der verdammte Ausgang?! Währenddessen wurde der Bratengeruch so stark, dass ihr die Augen tränten. Auch die beiden barbusigen Sklavenmädchen hatten alle Mühe, auf dem rutschigen, fettigen Untergrund

doch noch alles gut gegangen. »Und jetzt einen Burger! Alex zum Gedenken!«, rief Mike in die allgemeine Erleichterung. »Au ja!«, lachte Yvonne zurück. Hand in Hand spazierten sie über die Strandpromenade. Nicht ahnend, dass der Wirsing in ihrer Handtasche

Der Neandertaler in mir lebt, aber er ist inzwischen ein verwöhntes Arschloch geworden

Micha Ebeling

»Ihr Zwerchfell ist verspannt und Ihre Leber ziemlich hart, Herr Ebeling.« Da ich gerade nicht atmen kann, sage ich nichts. Nach einer Weile zieht meine Physiotherapeutin ihre Fäuste aus meinem Bauch wieder raus. Auf der einen Faust ist der Name »Vitali« eintätowiert, auf der anderen »Wladimir«. Sie hatte sie beide mühelos in meinem Ranzen verschwinden lassen können, wo sie mit ihnen meine inneren Organe abgetastet hatte. Jetzt bekomme ich wieder Luft und frage, wie das denn komme, so mit dem verspannten Zwerchfell. Sie druckst ein bisschen rum und nuschelt was von zu wenig Bauchatmung, falscher Körperhaltung und ... Sie macht eine Pause, als müsse sie nachdenken. »Na ja«, sagt sie bedächtig, »Ihr Bäuchlein zerrt da natürlich auch immer mit dran rum.« Ihre Mundwinkel zucken verräterisch. »Von wegen Bäuchlein«, zische ich vorwurfsvoll, »Sie meinen sicher meine mischhäutige Mastwampe, meinen adipösen

Tresenturnbeutel, die Fettgarage zwischen Brust- und Geschlechtswarzen!« – »Also, Herr Ebeling!«, grinst sie jetzt unverhohlen. »Das haben Sie gesagt! Aber ein bisschen weniger würde Ihrer Gesundheit sicher gut tun.«

Als ich die Praxis verließ, fühlte ich zunächst einen Impuls niedrigsten Instinkts. Einen Moment lang überlegte ich, ob ich an allen Imbissbuden entlang meines Heimwegs zwei leckere Currywürste – eine mit und eine ohne Darm – in mich reinstopfen sollte. Dazu Büchsenbier. So als Schlusspunkt meiner unseligen Fleischvöllerei in Form einer Konfrontationstherapie. Fleisch aß ich nun mal nicht nur gern, sondern auch viel. Zu viel, angeblich. Mein derzeitiger Höhepunkt an Fleischgenuss waren die Rinderbäckchen vom Irischen Rind in einem Grillrestaurant auf dem Pfefferberg. Jede Essenseinladung, die ich bekam oder aussprach, ließ uns dort landen. Und reinhauen. Aber so richtig. Für die Soße, die der Koch dazu reicht, würde Vater sicher nicht nur heimlich sein Grab verlassen, sondern auch noch zum Katholizismus konvertieren. Na ja. Und mit all den Würsten im Bauch könnte ich dann zu Hause mit quälenden Leibschmerzen, halbbesoffen und unter Zuhilfenahme von Selbstmitleid und Sliwowitz verzweifelt gegen den Weltschmerz anverdauen. Aber ich besann mich eines Besseren und lenkte mein treues Herrenrad Richtung Ackerhalle. Dort machte ich einen ungewöhnlichen Großeinkauf. Ich erinnerte mich nämlich eines Buches, das zu lesen mich meine Freundin und selbsternannte Ernährungsberaterin Jutta zu lesen gezwungen hatte.

Ihr Lieblingsspruch, der meine Stimmung regelmäßig zu dämpfen wusste, war: »Einmal in der Woche Fleisch ist mehr als genug.« Vielleicht hatte sie ja recht, und mit einer tollkühnen Ernährungsumstellung könnte ich meiner Physiotherapeutin schon bald das Wunder eines tiptoppen Körpers präsentieren.

In besagtem Buch ging es um die sogenannte Rohkost-Therapie. Man durfte alles essen, aber eben nur roh. Als ich zu Hause ankam, räumte ich den Küchentisch leer, zog ihn auf volle Länge aus und arrangierte meine makrobiotischen Mitbringsel auf der fettfreien Festtafel. Einen Apfel, eine Birne, eine Weintraube, ein rohes Ei auf einer Untertasse, ein Salatblatt, eine Kirsche, eine Avocado, eine Banane, eine Tomate, eine Walnuss, eine Erbse, eine Melone, einen Sonnenblumenkern, eine Zwiebel und ein rohes Kotelett. Den Karpfen tat ich in einen Eimer, wo er noch ein bisschen schwimmen sollte.

Das Ritual sah vor, mit schnupperndem Näschen und am besten mit geschlossenen Augen um den Tisch zu schleichen und nach Geruch, also Instinkt, exakt das natürliche und nicht degenerierte Nahrungsmittel auszusuchen, dessen Geruch mir Appetit macht. Der Instinkt irre sich nicht, sagte das Buch. Er müsse nur erst unter dem Müllberg falscher Erinnerungen – entstanden durch die vielen falschen Freunde aus der Lebensmittelindustrie – hervorgeholt werden. Der Mensch, so das Credo des Buches, ist nicht für gekochte, gebratene oder sonstwie denaturierte Nahrung geschaffen. Beim Braten von Kartoffeln – noch schlimmer beim Frittieren von Pommes

– entstehen Tausende von Molekülen, die in der freien Natur so gar nicht vorkommen. Diese kann der Körper nicht erkennen, geschweige denn verarbeiten. Und so würden diese Moleküle im Körper verbleiben und ihn krank machen. Wobei Übergewicht noch eines der harmloseren der dabei entstehenden Übel sei. Auf jeden Fall, so lehrte das Buch, wenn man sich nur von Rohkost und Wasser ernähre, fände man sehr schnell zu seinem Idealgewicht und würde an Körper und Geist – also ganzheitlich – erstarken. Ich hatte jedoch starken Hunger. Ich trat an den Tisch, schloss die Augen und begann zu schnuppern. Nichts. Ich roch überhaupt nichts. Dann griff ich nach einem Messer und zerschnitt alle Früchte der Ackerhalle, damit die Aromen besser entweichen konnten. Schon besser. Augen zu und ran an den Tisch. Auf Tisch reimt sich Fisch. Ich erinnerte mich, dass die Japaner gerne rohen Fisch essen. Je frischer, desto besser. Manchmal wird der Fisch von den Japanern auch direkt am Tisch geschlachtet. Ich schielte zu dem Eimer. Ich würde mir einfach mal ein Stückchen Fisch aus dem Fisch reißen. Mit meinen Zähnen. Wie ein echter, gesunder, von seinen unverdorbenen Instinkten geleiteter Neandertaler. Als ich mich nach einigem Zögern – man muss so einem Tier bloß mal in die Augen schauen – endlich im Karpfen verbissen hatte, war der Eimer fast leer, ich pitschnass und der Karpfen putzmunter. Mit seiner Schwanzflosse knallte er mir links und rechts je eine, die sich gewaschen hatte. Die Neandertaler haben sich sicher nicht gewaschen, damit sie sich am Geruch erkennen konnten. Namen hatten die ja keine. Nachdem ich den Karpfen zurück in den Eimer hatte fallen lassen, sah der mich vorwurfsvoll an, und ich hatte den Mund voller Schuppen. Die waren zwar auch roh, aber ich wollte sie trotzdem nicht essen. Das war sicher was für Fortgeschrittene. Ich spülte mir den Mund aus und gab dem tapferen Fischlein neues Wasser. Vielleicht sollte ich ihn einfach am nächsten Tag zurückbringen. Und wenn die den nicht zurücknehmen, weil schon ein kleines Stück fehlt, dann kommt er eben ins Tierheim.

Jetzt stellte ich ihn erst mal ins Bad. Da konnte er in Ruhe über alles nachdenken. Ich ging zurück zum Tisch, um es erneut zu versuchen. Alle meine Sinne waren aufs Äußerste sensibilisiert. Ich schloss die Augen. Ich hörte sie jetzt förmlich singen, die ganzen rohen Köstlichkeiten. Und ich fühlte die Schwingungen ihrer feinstofflichen, natürlichen Moleküle. Das Göttliche der Nahrung offenbarte sich mir. Und jetzt klappte es auch mit dem Instinkt. Ein Duft hatte sich in meiner Nase festgesetzt. Ich schaltete alles bewusste Wollen ab. Ja, das war mein Duft, mein Nahrungsmittel. Ich hatte meine Instinkte wieder. Ich war auf dem richtigen Weg. Ich konnte jetzt direkt auf den Duft, meinen Duft, zugehen. Der Neandertaler in mir erwachte zum Leben. Wir schritten gemeinsam durch die Pforte göttlicher Bewusst- und Gewissheit Richtung Paradies. Wir verschmolzen zu einem Lichtwesen von unbestechlicher Klarheit.

Auatsch! Ich hatte mich an etwas gestoßen. Ich öffnete meine Augen, um aus meiner Trance, die mich in die Tiefen meiner wahren inneren Bedürfnisse geführt hatte, zu erwachen. Ich öffnete die Augen, um zu schauen, welche der vielen hier versammelten Früchte meinem inneren Freund neues Leben einzuhauchen vermocht hatte.

Ich stand jedoch am geöffneten Küchenfenster. Dieser himmlische Duft kam von schräg unter mir. Direkt aus dem Küchenfenster von Frau Senf. Na hoppla. Ich verstand. Es war Donnertag. Da gab's bei ihr immer Rostbrätl mit Mischgemüse. Dazu dicke braune Soße mit Speckchampignons. Ich atmete tief ein. Aaaah!

Ich schnappte mir meine Mülltüte, schmiss das ganze degenerierte und substanzlose Zuchtgemüse aus Holland, Lolland und Bolland hinein, spülte den Karpfen nun doch in der Kloschüssel runter, flitzte ein Stockwerk tiefer und klingelte bei Frau Senf. Die steckte neugierig ihren Kopf durch die Tür. »Tach, Frau Senf«, sagte ich listig, »ich bringe gerade meinen Müll runter. Soll ich da vielleicht Ihren gleich mitnehmen?« – »Das ist ganz lieb, Herr Ebeling, aber ich hab grad Essen fertig. Für zwei wird's wohl reichen. Wollen Sie vielleicht einen Teller gute, kräftige Hausmannskost mitessen, bevor Sie den schweren Müll runterschleppen?« – »Aber das wäre doch nicht nötig gewesen«, tat ich noch der Höflichkeit Genüge, ehe ich meine protestantische Pizzapagode unterm Polyäthylen-Poncho an Frau Senfs Küchentisch bugsierte ...

Abspann:
Ich-Erzähler: Micha Ebeling
Frau Senf: Frau Dill
Physiotherapeutin: Lena Rauch
Jutta: Jutta
Musik zum Text von der Schweizer Band ALMERIM.

Für diesen Text mussten keine Tiere sterben.
Der Karpfen wurde zurück in die Ackerhalle gebracht.
Geschrieben auf IBM ThinkPad.
Dieser Text wurde gefördert von: niemandem.

Fleischliche Gelüste

Ein Text mit Wurststärke 12
auf der Dichterskala

Barbara Rademacher

Ich bin Vegetarierin und habe keinen Mann, bin also sozusagen Dual-Fleisch-Verweigerer.

Zum Vegetarismus kam ich vor zehn Jahren und hatte seitdem nicht einmal Verlangen – in Bezug auf beide Fleischsorten.

Die Guerillakämpfer der Veganersektion vermeiden ja bewusst Geschlechtsverkehr mit Fleischessern, weil sie keinen Tierfriedhof poppen wollen. So militant wäre ich in Bezug auf Sex nicht gewesen, wenn es sich ergeben hätte. Hat es sich aber nicht.

Seit letzter Nacht bin ich verändert, denn ich hatte einen Traum.

Ich war eine Wölfin, rannte durch die Wälder mit einem blutigen Stück Fleisch im Maul. Das Rudel jagte hinter mir her und heulte auf, als es meine Fährte verlor. Endlich konnte ich geschützt im Gebüsch mein saftiges Stück Fleisch reißen, bis meine Schnauze vor Blut troff.

Dieser Traum brachte mich dorthin, wo ich jetzt stehe, dorthin, wo ich vor acht Jahren mit Plakaten in der Hand gegen Tiertötungen demonstrierte, vor die geputzten Türen der Fleischerei Spiekermann.

Ich gehe hinein, um endgültig diesen Bann meiner nahenden karnivoren Metamorphose zu brechen. Um mir das Begehren durch die blutige Realität auszutreiben, indem ich mir rohes Fleisch anschaue.

Ich bleibe in der Metzgerei nicht lange unentdeckt und werde nach meinen Wünschen gefragt. Ich antworte im Affekt: »Ja, äh, davon möchte ich was!«, und drücke meinen Zeigefinger an der Scheibe platt. Mein Plan geht nach hinten los, denn da stehst du.

Du bist Fleischereifachverkäufer und wiegst mir gerade zweihundert Gramm Lachsschinken ab.

Ich betrachte deinen schweinerosa Popeye-Unterarm, der mit einer zweizinkigen Gabel in der Hand plötzlich vorschnellt und in einen Stapel Fleischwurstscheiben sticht. Langsam und genüsslich rollst du eine auf und schaust mich dabei mit einem in Koteletts gerahmten Blick an, der meinen Widerstand dahinschmelzen lässt wie einen Klumpen Biskin in der heißen Pfanne. Irgendwo tief in meinen Gehirnwindungen schütten ein paar Erinnerungszellen ein brutzelndes Geräusch und den Geruch von gebratenem Saftschnitzel aus. Ich bemerke ein Ziehen in meinen Speicheldrüsen, die einen hungrigen Strahl Verdauungssäfte in meine Mundhöhle ejakulieren.

Du lehnst dich über die Wursttheke, hältst mir die gerollte Wurstscheibe frohlockend hin. Ich sehe, wie sich mein Arm bewegt und mit zittrigen Fingern nach dem Luströllchen greift, wie ein Süchtiger nach seiner lang entbehrten Droge.

Du lächelst ein Grübchen, in das ich hineinfalle.

»Und? Darf's noch etwas sein?«, fragst du und zwinkerst mich an der Stelle an, an der ich mein Brandmal der Gelüste trage, hast mir einen Blick zugeworfen, den ich nicht gefangen habe, der mir mitten vor die Stirn geklatscht ist.

Du Jäger der verlorenen Herzen hast mit deinem verführerischen Bolzenschussgerät ins schwarze Loch meines Begehrens getroffen, und ich sacke langsam, mit dem Röllchen im Mund und mit quietschenden Handflächen, an deiner Aufschnittvitrinen-Scheibe runter auf den weiß gekachelten Boden. Da liege ich, zwei Menschenhälften, empfängnisschlachtbereit, und du hast fleischliche Gelüste.

Du hebst mich auf, meine Arme und Beine hängen wie Würste herunter, und trägst mich nach hinten auf dein Fleschereifachverkäufermittagspausenlager, denn heute ist das Schlachtfest der Liebe auf den ersten Schnitt.

Ich rieche frische Mortadella, als deine Hand über mein Gesicht fährt, und dein Leberwurstatem wirkt in meiner Ohnmacht wie ein Riechsalzfläschchen aus Schweinemaskenessenz. Ich komme zur Besinnung, schlucke den Rest des Röllchens der Sünde hinunter und will nicht mehr länger um den heißen Wurstebrei der vegetarischen Verleumdung herumleben. Du fragst: »Darf's noch ein bisschen mehr sein?«, und dein Pfälzer Saumagen knurrt mich hungrig an.

»Jaaaa, und noch hundertfünfzig Gramm Bärchenwurst«, stöhne ich auf, als du fachgerecht an meine Putenbrust greifst und mit deiner Zungenwurst die meine leckst.

»Ich war schon lang nicht mehr so tafelspitz«, sülzt du herum, »… und vierhundertfünfzig Gramm Gehacktes heut nur 2,99 …«, säuselst du in mein Schweineohr, während du deinen Speckmantel ausziehst.

Deine fleischigen Marshmallow-Finger machen auf meinen Schenkeln Schnitzeljagd, greifen nach allem, was niet- und nagelfest ist. 'ne Pranke zum Pferdestehlen hast du mir aufs Herz gelegt und es in einer Minutendauerwurst geklaut. Nun grast du auf meinen saftigen Wiesen wie ein junger Pferdefleischhengst und überrollst mich mit deiner ungestümen Art wie 'ne Dampfwalze aus achtzig Kilo Rinderwahn, saugst dich an meiner feuchten Haut fest und schmatzt ein gepökeltes Liebesgedicht auf unseren Körpern. Du schiebst mir einen deiner Weißwurstfinger in den Mund, ich bekomme Hunger auf mehr, auf dein Meer der sieben Lüste, was die Planken meiner alten Hausmacherfregatte biegt und poliert, bis sie schweineschmalznass glänzt.

Etwas von meinem Glanz bleibt an dir hängen, und wir werden zu Fixwürsten am Berührungsfirmament. Du hockst dich auf deine Eisbeine, streifst mit zittrigen Händen einen Naturdarm über dein Hot Dog und wirst mein Deutschländer, mein Curry King, meine Extrawurst der Wollust, mein schweißtriefender Bratmaxe, mein Fleischereifachverkäufer Trueman Baby – und nach dem Höhepunkt der Verwurstung sinken wir zurück aufs Lager und finden unseren wohlverdienten Gutfried.

Zweifelhaftes Weltverbessererlied

Frank Sorge

Iss keinen Fisch aus dem Meer,
sonst gibt es bald keinen mehr her.
Iss keine Hummer und Muscheln,
such' dir ein Rind, nur zum Kuscheln.

Iss keine Tiere aus dem Wald,
sonst ist der auch weg, bald.
Iss keine Adler und Meisen,
lass' die Gänse reisen.

Schenkt dir jemand einen Gaul,
nimm ihn nicht ins Maul.
Iss auch kein Schaf von der Weide,
ihr teilt ein Schicksal, ihr beide.

Brat' dir keinen Storch,
hau den Hund nicht in die Pfanne.
Lass die Taube auf dem Dach
und das Gnu in der Savanne.
Iss keinen Kolibri, er ist so klein,
willst du Mörder von Millionen sein?

Iss keine Lurche und Echsen,
sonst wird dich 'ne Kröte verhexen.
Iss kein Gewürm aus der Erde,
zerstör' nicht die Einheit der Herde.

Beiß der Maus keinen Faden ab,
Lass die Katze aus dem Sack.
Iss weder Huhn noch Ei,
wie herum ist einerlei.

Iss keinen Wal und iss keine Giraffen,
sie sind zu groß, du wirst sie nicht schaffen.
Iss keine Eulen, auch nicht in Athen,
sie werden sich rächen, ihr werdet es sehn.

Brat' dir keinen Storch,
hau den Hund nicht in die Pfanne.
Lass die Taube auf dem Dach
und das Gnu in der Savanne.
Iss keine Ameisen, sie sind so klein,
willst du Mörder von Millionen sein?

Ich geb' dir keine Garantie
und sage nicht »nimmer« und »nie« –
aber bestimmt wird es schöner auf Erden,
mit weniger Fressen und Gefressenwerden.

China Food

Ilka Schneider

Abgesehen von einer vorübergehenden, kindlichen Begeisterung für Hühnerleber war ich schon immer schwierig, was das Fleischessen angeht. Am besten ging Muskelfleisch ohne Fett, Knochen und Flachsen. Doch auch Hackfleisch konnte ich nicht ausstehen. Da liegt es nahe, dass ich immer wieder längere Phasen meines Lebens Vegetarierin war.

Doch nach dem Abitur fuhr ich nach China, und Chinesen haben so viel Verständnis für vegetarische Ernährung wie Bayern, Mongolen und Russen zusammen. Zwar wird in China viel und vielfältiges Gemüse gegessen, aber wozu sollte man kein Fleisch verzehren? Wenn man auf Yin und Yang und alle fünf Elemente achten muss, wenn man versessener auf und fanatischer mit Essen ist als Italiener und Franzosen und das noch dazu in riesiger Anzahl, warum sollte man dann irgendetwas Essbares nicht essen? Das Konzept ist also schwer vermittelbar, und auch in die berühmtesten Tofugerichte gehört in der Regel zumindest Schweinefleisch.

Einzige Ausnahme ist der Buddhismus. Aber weil diese Beschneidung im Essensgenuss für Chinesen so schlimm ist, gibt es auch für die Mönche und Nonnen eine Lösung: Man bastelt die Fleischgerichte aus Pilzen, Getreide und Tofu einfach nach. Das Ergebnis ist sensationell und hat mit unseren Tofuwürstchen nichts gemein. Knusprig gebratener Fisch, Garnelen, Zwiebelrostbraten, Palasthuhn undundund. Es gibt nichts, was es nicht gibt. Die Gerichte sehen aus wie ihre Vorbilder, fühlen sich so an und schmecken auch so. Aber das ist natürlich teuer und nur für Festtage.

Weil die Chinesen so viel Gemüse essen, kann man sich ohne Weiteres vegetarisch oder auch vegan ernähren. Es versteht nur keiner, warum man das macht. Aus Gründen der Neugier habe ich vor jeder Reise nach Fernost trotzdem beschlossen, nicht Vegetarierin zu sein. Grundsätzlich habe ich das nicht bereut. Nur manchmal.

Kaum war ich das erste Mal dort, war ich durch Verkettung verschiedener Umstände zu einem Bankett eingeladen. Der Tisch bog sich vor lauter köstlichem Essen. Neben mir saß der Gastgeber und füllte – wie es sich gehört – fürsorglich mein winziges Tellerchen mit erlesenen Köstlichkeiten. Er wählte als Erstes ein Stück erst getrocknete und dann wieder gekochte Schweineschwarte. Ich war in der Zwickmühle. Einerseits sah ich mich außerstande, das zu essen, und andererseits füllte die Schwarte mein Tellerchen völlig aus, sodass ich nichts anderes hätte essen können. Ich wählte die Flucht nach vorn: »Ich mag das nicht«, sagte ich unhöflich, aber mit dem Mut der Verzweiflung, immerhin auf Chinesisch. Glücklicherweise lachte er und meinte, das hätte er sich damals in den USA auch mal trauen sollen, als er sich den Cheeseburger runterzwang, um dann schnell zum

Kotzen zu verschwinden, weil er den Käse nicht vertrug. Er nahm die Schwarte also wieder von meinem Tellerchen.

Viele Jahre später sah ich mich bei einer chinesischen Freundin in Berlin vor demselben Problem und dachte, komm jetzt, los, du wirst nicht daran sterben. Und was soll ich sagen: Die Konsistenz war widerlich, aber Fett ist nun mal ein Geschmacksträger.

Neben all den Köstlichkeiten, die die chinesische Küche so hergibt, gab es manche Herausforderung, die ich annahm (Schlange, Seegurke, tausendjährige Eier), und andere, denen ich auswich (Entenfüße, halb ausgebrütete Eier, Bluttofu). Das Schlimmste war jedoch, als eine Freundin in Taiwan mit mir essen ging und meiner Ansicht nach Fischköpfe bestellte. Mir erschien das nicht so abwegig, weil sie mir mal erzählt hatte, dass ihr am Fisch der Kopf am besten schmeckt. Es kam eine sonderbar violette Masse, die praktisch geschmacklos war und mich trotzdem zum Würgen brachte: pürierte lila Fischköpfe! Weil es aber so gar kein kleines bisschen nach Fisch schmeckte, überdachte ich noch mal, was sie eigentlich bei der Bestellung gesagt hatte, und kam zu dem Ergebnis, dass sie *Yutou* anders ausgesprochen hatte, nicht wie »Fischkopf«, sondern wie »Süßkartoffel«. Schon passte alles wunderbar zusammen und mein Magen entspannte sich langsam. Das Hirn isst eben mit.

Ein chinesischer Freund lud mich letztens zum *Jiaozi*-Essen ein, also zu chinesischen Maultaschen. Ob ich Vegetarierin sei, fragte er mich. Ich, nein, i wo, sagte ich, weil ich wusste, dass er nicht so gerne vegetarische *Jiaozi* macht. Und was soll schon passieren? Die *Jiaozi* waren köstlich mit Fenchel und Schweinefleisch gefüllt, zum Niederknien. Aber dazu gab es auch Beikost: Hühnermägen. Ausgerechnet. Wie gerne hätte ich in einen sauren Apfel gebissen, aber so biss ich eben in recht zähe, scharf gewürzte Hühnermägen. Hätte es nicht wenigstens die Leber sein können?

Das Schweigen der Hennen

Volker Surmann

Landkinder sehen Lebewesen mit anderen Augen. Sie lernen schon früh: Tiere auf einem Bauernhof haben einen Zweck. Sie sind zu etwas da. Weil Getränke aus ihnen rausfließen (Kühe), weil Frühstückeier aus ihnen rausplumpsen (Hühner), sie sind da, weil sie Schnitzel auf vier Beinen sind (Schweine), oder sie sind einfach da, weil sie es selbst so wollen und einen so lange drollig anschauen, bis man weich wird und ihnen täglich Essensreste bringt (Hofkatzen). Mögen auch Tierrechtsaktivisten von PETA & Co jeden noch so urigen Bio-Bauernhof als Guantanamo der Nutzviehhaltung ansehen, sich nackt auf dem Potsdamer Platz mit Sojamilch übergießen und skandieren: »Gebt den Kälbern ihre Milch zurück!«, als Kind hätte ich solche Aktionen nicht verstanden. Und als Erwachsener verstehe ich sie immer noch nicht.

Ich hänge der agrarromantischen These an, dass in bäuerlichen Kleinbetrieben dem Einzeltier weit mehr Respekt entgegengebracht wird als in EU-genormten Agrarfabriken. Tiere sollten Namen haben und keinen Strichcode. Und über die Jahrhunderte wusste jeder kluge Bauer: Geht es den Tieren gut, geht es mir gut. (Leider gab es immer auch dumme Bauern. Manchmal beschleicht mich das Gefühl, dass die Industrialisierung der Landwirtschaft vornehmlich den dummen Bauern genutzt hat. Deshalb sind die Kartoffeln im Supermarkt heute auch dicker als früher.)

Bei uns auf dem Hof waren die Tiere überwiegend glücklich. Sicher, kurz vor der Schlachtung war mutmaßlich kein Tier wirklich glücklich. Aber die Zeiten, in denen altersschwache Tiere noch von Wölfen gerissen wurden, sind lang vorbei, heute muss der Fleischwolf ran.

Andererseits blieben den Tieren natürlich auch diverse Alterserscheinungen erspart. Altersflecken würden bei Kühen zwar nicht groß auffallen, aber eine Kuh mit Dreifußkrücke auf der Weide möchte man ebenso wenig sehen, wie man beim Abnagen einer knusprig goldgelb durchgebratenen Hähnchenkeule auf ein künstliches Hüftgelenk aus Edelstahl beißen mag.

Das hätte bei uns auf dem Hof sogar vorkommen können, denn wir hatten ein paar Hühner, die waren aber mehr das Hobby meiner Oma und etwa genauso alt. Unser Hühnerstall war eine Art Seniorenstift für privilegierte Legehennen.

Ich war zu dieser Zeit noch sehr jung, vielleicht zwei oder drei Jahre alt. Aber das Erinnerungsbild, dass unseren ockerfarbenen Opel Rekord auf dem Hof ein paar ockerfarbene Legehennen umsprangen, ist mir präsent wie eh und je. Ich trage auf diesem Bild naturgemäß eine ockerfarbene Cordlatzhose.

Die betagten Hennen waren freilaufend, sie durften täglich ein paar Ründchen an der frischen Luft drehen, sie gluckten und gackerten vor sich hin, pickten hie und da ein paar Körner auf und belohnten meine Oma auf die allseits alten Tage mit dem ein oder anderen Ei. Gemeinsam robbte ich dann mit meiner Oma, zusammen brachten wir es auf knapp fünfundachtzig Jahre, im Hühnerstall auf Knien durchs Stroh und suchten nach frischen Eiern. Im Hühnerstall war das ganze Jahr über Ostern.

Doch das Alter schlug erbarmungslos zu: Ab und an fiel mal ein betagtes Huhn von der Hühnerleiter und brach sich den Oberschenkelhals oder wollte dement vor sich hin muhend den Kühen auf die Weide folgen. Manche Tiere legten nur noch so bezeichnete »Windeier« – quabbelige Gebilde, die entstehen, wenn das Huhn beim Ei die Schale vergisst. Bei Hühnern führt Verkalkung quasi zur Entkalkung. Die Eier sind dann nur mit einer ganz dünnen Membran umhüllt. Ein paar Jahre später lernte ich diese Naturprodukte schätzen als wirkungsvollen Ersatz für Wasserbomben.

Schlug das Alter zu, musste die Henne den letzten Weg ihres Lebens gehen: in die Suppe.

Die letzten Schritte dorthin tat ein Huhn traditionell kopflos. Dazu muss man wissen: Es gehört zu den faszinierendsten Eigenschaften des modernen Haushuhns, dass es auch dann noch aufgeregt über den Hof zu flattern in der Lage ist, wenn es zuvor gerade enthauptet wurde. Kleine Kinder haben noch kein wirkliches Empfinden für Leben und Tod, und so gehört es bis heute zu den erhabensten Erinnerungen meiner gesamten Kindheit, wie ich mit meinen zweieinhalb Jahren bei uns auf dem Hof stand, und um mich herum tanzten kopflose

Hühner Ballett, machten auf sterbenden Schwan, bis sie mit einem Mal taumelten und auf die Nase fielen (wenn sie noch eine gehabt hätten). Meine Oma sammelte die Leiber dann auf und rupfte sie.

Dann schlug das Alter wieder zu, diesmal bei meiner Oma. Sie bekam es mit dem Herzen und musste die Hühnerpflege aufgeben. Ein letztes Mal torkelten kopflose Federviecher über unseren Hof, dann wurde der Hühnerstall umgebaut zur Autogarage, der ockerfarbene Opel Rekord wurde durch einen roten VW Passat ersetzt. Mit ihm fuhr meine Mutter dann einmal in der Woche zu Bauer Lodemann zum Eierholen. Lodemanns galten als fortschrittliche Bauern, denn sie hatten sogar eine Legebatterie.

Mit Marcus Lodemann war ich befreundet. Wir waren im Kindergartenalter und spielten manchmal in der Legebatterie, drehten Runden um die in vier Stockwerken aufgebauten Käfigreihen. Das für mich heute Kuriose ist: Damals empfand ich weder Mitleid mit den Tieren noch Ekel. Das war bei Lodemanns einfach so: Hühner saßen in Käfigen und machten Eier. Dass bei uns auf dem Hof Hühner anders ausgesehen hatten, wusste ich, aber für eine differenzierte Bewertung war ich vermutlich noch zu jung. Außerdem war die Legebatterie besser als jede Geisterbahn. Vermutete ich zumindest, denn in die Geisterbahn auf der Dorfkirmes durfte ich nie rein, aber die Tür zu Lodemanns Legebatterie stand oft genug offen. Und der Gruselfaktor war greifbar: Wenn man in den dunklen Stall eintrat, schlugen einem sofort ein stechender Geruch und stickige Luft entgegen. Dann reckten wir uns zum Lichtschalter, und während die Neonröhren blinzelnd ansprangen, durchfuhr ein aufgeregtes Geflatere und Gegackere den Stall wie eine plötzliche Windbö. Wenn wir dann zwischen den Käfigen hin und her liefen, reckten sich, vierstöckig aufgestapelt, halb gerupfte Hühnerköpfe zu uns herab und beäugten uns aus neugierig aufgerissenen Augen.

Manchmal tauchte hinter einer der Käfigreihen die alte Ilsegred Döppenkamp auf wie ein Gespenst – eine steinalte Frau, die auf dem Lodemann'schen Hof lebte, immer ganz in Schwarz gewandet, und weit nach vorn übergebeugt in schwarzen Gummischlappen durch den Hühnerstall schlurfte. Nie sprach sie mit uns, stattdessen atmete sie schwer rasselnd vor sich hin. Sie war die Darth Mudder der Legebatterie. Zweimal am Tag sammelte sie die Eier ein und brachte sie zur Sortiermaschine im Vorraum.

Dieses Gerät gehörte zu den spannendsten Dingen auf dem ganzen Lodemann'schen Hof. Ich konnte stundenlang dabei zuschauen, wie alle gesammelten Eier sorgsam auf einen Eiersammelplatz gelegt wurden, von wo aus sie dann loseierten, leise weitereilten, beidrehten und auf kleinen Greiferchen eincheckten, die sie Ei für Ei – klick – klack – klick – klack – weiterreichten an weitere Greiferchen, bis ein Greiferchen mal einknickte und das Ei sanft in ein Fach für Güteklasse 1B oder 2A reintorkeln ließ, von wo aus es per Hand auf Eierpappen umgebettet wurde.

Am Ende der Greifärmchenkette gab es ein Fach für aussortierte Eier. Da lagen dann zu kleine, zu dicke, kugelrunde oder obszön deformierte Eier. Aus diesen unförmigen Huhnkartoffeln wurde dann im Hause Lodemann Kuchen gebacken. Ich weiß nicht wieso, aber geschmeckt hat er mir nie.

Bio in Ostwestfalen

Bernd Gieseking

Frühkindliche Prägungen, sagt man, seien entscheidend.

Vater, Mutter, Landschaft. Bei mir – Ostwestfalen.

Stippgrütze und Blutwurst. Ostwestfalen ist nicht gerade das Geburtsland großer Meisterköche. Und es ist nicht die Heimat ausgesprochener Gourmets.

Aber der Steckrübeneintopf meiner Mutter – besonders am zweiten Tag.

Warum schmeckt Eintopf am zweiten Tag immer besser?

Ernährung damals muss ungeheuer gesund gewesen sein. Alles wurde selbst geerntet, was aber auch bedeutete: Alles musste selber gepflanzt werden – und den Mist untergraben, vom Bauern Schubkarre für Schubkarre voll geholt, ich habe das gehasst. Und wehe, ich habe die Furche nicht gerade gegraben. Der rechte Winkel war in unserem Garten die einzige Dominante, die Ilse, meine Mutter, neben sich gelten ließ. Eine Dominante aber auch, die unbarmherzig eingefordert wurde!

Es gab Erbsen, dazu wurden alljährlich die Erbsenbraken in die Erde gerammt und winters wieder gelagert, es gab Wurzeln, also Möhren, dicke Bohnen, Schnippelbohnen, Salat, Rote Bete. Und Erdbeeren. Jede Menge

Erdbeeren. Mein Bruder mochte keine Erdbeeren. Ich mochte meinen Bruder.

Überall wurden Hausschlachtungen gemacht. Wir Jungs waren sauer, nicht beim Erschießen des Schweins mit dem Bolzenschussgerät dabei sein zu dürfen, aber wenn es dann, tot, heiß abgebrüht wurde, um es zu entborsten, wenn das Schwein an der Leiter hochgebunden wurde, wenn der Schlachter es mit sicheren Schlägen und Schnitten zerteilte, die Därme säuberte und die frisch gekochte Leberwurst darin abfüllte und wir Jungs jeder eine eigene kleine sogenannte »Pingelwurst« bekamen, die wir in den nächsten Tagen stolz auf Grau- und Schwarzbrot schmierten, wenn wir aus den Schnapsgläsern von Papa, Opa, den Onkeln und dem Schlachter heimlich die letzten Tropfen rausschleckten, dann waren wir dem Paradies schon sehr nah.

Wir lebten, ohne es zu wissen, komplett »öko«! Aus heutiger Sicht total »bio«. Jedenfalls wenn das frühjährliche Spritzen nicht gewesen wäre. Spritzen war total in! Alle spritzten, und wie man heute Sitzrasenmäher kauft und als neues Statussymbol auch auf nur zweiundsiebzig Quadratmeter Rasen stolz vorführt, so waren es damals die Spritzen, die man, Taucherflaschen gleich, auf dem Rücken trug, um Büsche, Bäume und Beete zu begiften.

Wir hatten fast alles, und es wuchs im eigenen Garten. Nur exotisches Gemüse und Obst, das gab es nicht! Ich bin in Ostwestfalen aufgewachsen ohne Kiwis. Kannte ich nicht. Auberginen. Das waren geradezu orientalische Seltsamkeiten, deren Wohlgeschmack wir nicht einmal ahnten. Oder Brokkoli. Bei uns gab es Blumenkohl. Zuc-chini? Wir hatten lange Gurken!

Aber doch gab es schon einen Gruß, einen ersten Sendboten ferner, exotischer Welten. Es war fremd und vertraut zugleich. Es war faszinierend ausländisch und zugleich perfekt integriert. Eines der ganz großen kuli-narischen Ereignisse im Ostwestfälischen – Mirácoli. Ex-tra erfunden für das Befüttern jüngerer Geschwister. Das waren meine ersten Erfolgserlebnisse auf dem Weg zum Meisterkoch. Unsere Eltern auf Arbeit und ich als der Große – »De Ölste van Südmaas Ilse« – musste meinen kleinen Bruder bekochen.

Natürlich verputzten wir zu zweit die große Packung! Die für vier bis fünf Portionen. Wir waren Spaghetti-Jun-kies und konnten nicht genug bekommen von diesem Stoff. Und der Stoff – das war und ist die Tomatensoße mit der Original-Mirácoli-Würzmischung.

Ein Geheimnis wie Maggi oder das Coca-Cola-Rezept! Die Gewürzmischung von Mirácoli. Das war das Ver-mächtnis der Inka! Das war der geheimnisvolle Piraten-schatz! Dieses Rezept mussten Long John Silver und Jim Hawkins auf der Schatzinsel gesucht haben!

Ich zitiere den Tütenaufdruck: »Original Würzmi-schung für den unnachahmlichen Mirácoli-Geschmack.« Unnachahmlich! Auf Französisch steht dort: »Mélange secret«. »Secret!« Das für Deutsche »Unnachahmliche« wird also in Frankreich zum »secret«, zum Geheimnis, und auch für die Holländer heißen die Kräuter und Ge-würze im Mirácoli-Beutel »geheime mengeling« (sprich: checheime mengeling).

Geheimnisvoll ist diese Wirkung bis heute. Einmal alle paar Monate muss das sein! Mirácoli gibt mir jedes Mal diese Erinnerung an Jugend, an Heimat, an erste feinmotorische Herausforderungen, die ersten Versuche, Spaghetti auf die Gabel zu drehen. Als Gier noch vor Genuss regierte, wurden Spaghetti klein geschnitten! Und gern würde ich mich dafür bei jeder Nudel einzeln entschuldigen.

Essen ist Leben

Klaus Pawlowski

Steh ich am Gemüsestand
mit dem Körbchen in der Hand,
guck ich dann ins Kühlregal
oder in die Fleischauswahl,
fallen mich Visionen an,
die ich nicht mehr bremsen kann.

Ist da nicht im Schinkenspeck
so ein schwärzlich-grauer Fleck?
Liegt dort auf dem Emmentaler
nicht ein grüner anormaler
Schimmer. Und der Blumenkohl
ist doch bläulich. Vitriol?
Oder Blei? Wie dort im Lauch?
In den Frühlingszwiebeln auch?
Faulbrand selbst in Gentomaten?
Fadenwürmer in Salaten?
Kriechen bis ins Rückenmark?
Und im Joghurt und im Quark
Schimmelpilze, die mit Sporen
sich in meine Lunge bohren?

In der Butter nur Hormone?
Und das Brot ist auch nicht ohne?
Droh'n, wenn ich Makrelen esse,
mir nicht überall Abszesse?

Hat man kürzlich irgendwo
nicht gewarnt? Im Radio?
In der Zeitung? Nein, genau,
kam ja in der Tagesschau.
Und danach da sah ich doch
diesen tollen Fernsehkoch,
der das Riesen-Schnitzel briet ...

Himmel, krieg ich Appetit.
Richtig Hunger. Und rasant
treibt es mich zum Bratwurststand:
»Currywurst mit Pommes Schranke,
extra scharf!« »Zweifuffzig.« »Danke!«
Steht der Tod auch schon daneben,
diese Wurst ist noch das Leben.

Diese krankhaft politisch korrekten Menschen können mir aber so was von auf die Nerven gehen

Daniela Böhle

Zum hundertsten Mal lese ich in der Zeitung etwas darüber, wie teuer alles geworden ist.

Als ich bei Netto vor dem Mehlregal stehe, weil ich backen will, mache ich mir gegenteilige Gedanken. Warum ist Mehl so ungeheuer billig?

Mehl kostet bei Netto 29 Cent pro Kilogramm. »Wie kommt eigentlich das Mehl in die Tüte?«, fragt die beruhigende Männerstimme aus der *Sendung mit der Maus* in meinem Kopf. »Schauen wir uns das mal an.« Mit der *Sendung mit der Maus* fahre ich auf ein Feld. »Hier wird gerade ein Feld umgepflügt«, sagt die angenehme Männerstimme. Wir sehen dann im Zeitraffer, wie ausgesät wird, wie das Zeug wächst, wie geerntet und gedroschen wird. Danach wird es in einer Fabrik zu Mehl gemahlen, es wird abgepackt und mit einem Lastwagen zum Supermarkt gebracht, wo es in die Regale geräumt und schließlich verkauft wird. Die angenehme Männerstimme sagt: »Ganz schön viel Arbeit steckt in einer einzigen Tüte Mehl! Damit sie aber nicht 5 Euro kostet, wie es angemessen wäre, gibt es viele gute Menschen in der Landwirtschaft.« Nun zeigt die *Sendung-mit-der-Maus*-Kamera ein paar Bauern und Bäuerinnen. Sie sind ganz abgerissen angezogen, aber sie lachen: »Wir lieben die Menschen, deswegen arbeiten wir nicht für Geld. Im Gegenteil! Wir stecken all das Geld, das wir von unseren Familien bekommen, in das Mehl. Denn es soll doch nicht mehr als 29 Cent im Laden kosten!« Dann Schwenk auf einen Lastwagenfahrer: »Ich lebe von Luft und Liebe«, sagt er, »und meine Lastwagen auch. Auf diese Weise können wir das Mehl für 29 Cent verkaufen, und darauf sind wir alle miteinander stolz!«

Ähnlich beunruhigend finde ich es, dass ein halbes Hähnchen an der Imbissbude 2 Euro kostet.

Der Einfachheit halber konzentriere ich mich auf den Imbissbudenmann: Nehmen wir mal an, dass er im Monat 1.500 Euro verdient. Er hat vielleicht 500 Euro laufende Kosten und zahlt sogar Steuern und müsste über den Daumen gepeilt 3.000 Euro einnehmen. Kauft er ein Huhn für 1 Euro, verdient er 3 Euro an jedem Huhn und muss jeden Tag grob gerechnet 60 halbe Hühner verkaufen. An 30 Tagen im Monat, 12 Monate im Jahr.

Der Imbissbudenmann winkt für die *Sendung mit der Maus* und ruft: »Das Geld verdient bei uns meine Frau, die Imbissbude ist mein Hobby! Geld? Das ist was für Leute ohne Fantasie!«

»Wie aber kommt es, dass ein ausgewachsenes Huhn nur einen einzigen Euro kosten kann?«, fragt die angenehme Männerstimme. Als die Kamera der *Sendung mit der Maus* auf ein Hühner-KZ zufährt, schalte ich hektisch aus.

Ich bin schweißgebadet, kann aber nicht mehr aufhören mit der Rechnerei.

Bei Kaiser's werden Mangos aus Brasilien für 77 Cent verkauft. Wie teuer ist allein der Flug für eine Mango? Rechnen wir mal 1.000 Euro für eine Person von Deutschland nach Brasilien und zurück, das sind 500 Euro für eine Strecke. Wenn also der Flug für eine Mango 50 Cent kosten würde, müsste ein Mensch ungefähr so viel Platz wegnehmen wie 1.000 Mangos. Rechnen wir mal Gepäckverwaltung und Essen auf dem langen Flug weg, so etwas braucht eine Mango ja nicht, dann müsste ein Mensch immer noch in etwa so viel Platz wegnehmen wie 800 Mangos.

Wo ist der verdammte Rechenfehler versteckt? Wie macht es Kaiser's, eine Mango für 77 Cent das Stück zu verkaufen? Ist das ein Trick?

Es muss irgendwann zu tiefsten Schulzeiten gewesen sein, dass ich zuletzt so viele Rechnungen an einem Stück gemacht habe. Es muss in einem früheren Leben gewesen sein, dass ich das freiwillig getan habe. Jetzt stehe ich da, schlecht gelaunt vor lauter Rechnerei und nicht mehr in der Lage, nach solchen Rechenergebnissen noch Mehl, Huhn oder Mangos kaufen zu können. Nicht mit gutem Gewissen. Irgendwo werden faule Geschäfte gemacht auf Kosten von Keine-Ahnung-wem, aber irgendjemand muss es sein. Für solche Leute gibt es glücklicherweise Bioläden.

»Tag«, sage ich, »ich hätte gern Mehl, und wo ich jetzt schon mal hier bin, außerdem auch ein halbes Huhn und eine Mango.« Ist alles da, es gab auch Zeiten, da gab es zu dieser Jahreszeit in Bioläden nur Kohl. Nur.

Für Mehl, halbes Huhn und Mango zahle ich irgendeinen Fantasiepreis um die 15 Euro. Ich fühle mich super.

Danach gehe ich mit meinen Einkäufen zu Netto, um den Leuten dort etwas über den Euro zu erzählen und dass viele Dinge viel zu billig geworden sind.

»Hallo liebe Kinder«, sagt die beruhigende Männerstimme aus der *Sendung mit der Maus.* »Wisst ihr eigentlich, was eine Irrenanstalt ist? Heute sehen wir uns mal an, wie man in so eine Anstalt reinkommt. Das hier ist Daniela. Schauen wir ihr mal zu, was sie jetzt macht ...«

Vegetarier werden?
Vergessen Sie's!

Oliver Nagel

Die Idee klingt ja nicht schlecht: Fleischverzicht hat eigentlich nur Vorteile – für die Tiere, die nicht mehr industriell erzeugt werden müssen, nur damit man sie umbringen kann, für den Menschen, der ohne all das Fett, die Hormone und die im Fleisch enthaltenen Medikamente gesünder lebt, und für die Welt, in der weder sinnlos Energie für Tierfutter verschwendet werden muss, noch das Klima unter Tierhaltung und -transport leidet, noch die Weltmeere kippen, weil immer noch mehr Sardinen in kleine Blechdosen gepresst werden müssen.

Die Wirklichkeit aber sieht anders aus: Vegetarier-Sein nervt! Ständig ist man gezwungen, unhöflich zu sein: Bei Einladungen muss man den Gastgeber vorher darauf hinweisen, dass man keine Tiere isst (und dass auch Fische Tiere sind), oder man begnügt sich mit Beilagen und/oder Käsebrot. Manche Einladungen kann man gleich vergessen (Grillen). In größeren Tischrunden ist man schnell Gesprächsgegenstand Nummer eins und sieht sich stets den gleichen Heucheleien ausgesetzt – »Ich esse ja auch ganz wenig Fleisch, und wenn, dann nur das gute vom Biohof!« Kennt eigentlich wirklich jemanden diesen »Metzger meines Vertrauens«, oder ist das der beste Kumpel vom »Banker meines Vertrauens«, der neulich die halben Welt-Geldvorräte verbrannt hat? –, oder man hat Anfeindungen zu gewärtigen: »Vegetarier sind so missionarisch. Dauernd muss man sich verteidigen, wenn man Fleisch essen will!« Dabei ist es genau umgekehrt: Fleischesser verteidigen ihren Fleischkonsum vorauseilend, wenn ein Vegetarier mit am Tisch sitzt, und glauben dann, irgendjemand habe ihnen Vorwürfe gemacht. Hat man es mit einem rücksichtsvollen Gastgeber zu tun, der neben dem Braten und zugehöriger Soße eine fleischlose Alternative für den Vegetarier-Spinner zubereitet hat, kann man sicher sein, dass alle Fleischesser davon »mal probieren« wollen (»Hmmmm, lecker!«), während die umgekehrte Option leider nicht besteht. So ein Pech! Pech hat man möglicherweise auch, wenn man sein Essen bei einem Lieferservice bestellt: Wie oft bringt der einem die falsche Pizza oder das falsche Thai-Gericht! Als Fleischesser hat man so die Chance, ganz neue Geschmacksrichtungen kennenzulernen. Als Vegetarier kann man alles wegwerfen und noch mal bestellen. Oder die Salami von der Pizza klauben.

Auch Auslandsreisen gestalten sich mit diesem selbstgewählten Handicap schwieriger: Urlaube in Polen, Tschechien und weiter östlich liegenden Ländern? Vergessen Sie's! Dort ernährt man sich in erster Linie von Fleisch mit Fett und Speck. Als vegetarische Gerichte gelten in diesen Ländern Spaghetti Bolognese, Kartoffeln mit Lachs und Rote-Bete-Suppe mit Fleischklößchen

– also alle Gerichte, die nicht ausschließlich aus Fleisch bestehen. Aber auch in Frankreich, Italien und Spanien werden Sie sich, was Wirte gar nicht gerne sehen, in erster Linie von Vorspeisen und Salaten ernähren, bevor Sie nicht zum Stierkampf aufbrechen oder zur Singvogeljagd.

Wer das meiste nicht essen kann, was ihm vorgesetzt wird, nimmt wenigstens schnell ab, könnte man denken. Leider falsch: Dem sogenannten »Puddingvegetarier« gelingt es problemlos, ungesunde Fleischmengen durch ungesunde Mengen Zucker, Salz und weißes Mehl zu ersetzen, und auch die Pizza-Bier-Kartoffelchips-Diät kann zwar absolut fleischfrei sein, ist aber nicht wirklich gesund. Das ist der Gipfel der Demütigung: übergewichtig und ungesund sein, ganz ohne lecker Wurst und Schnitzel! Der wirklich einzige Vorteil als Vegetarier ist es, dass man gegenüber jedem Tier, Hund, Katze, Maus, ein reines Gewissen hat und ihm seine Freundschaft anbieten kann. Bevor man von ihm zum Dank in den Arsch gebissen wird.

Gut, Fleischesser geben mehr Geld für Lebensmittel aus als Vegetarier. Aber man erspart sich jede Menge fruchtlose Diskussionen und den Ärger über Modevegetarier (»Flexitarier«), die zumindest zwischen den Mahlzeiten keine toten Tiere essen und beim »Perfekten Dinner« immer sagen, sie seien Vegetarier, weil sie sich vor Fleisch ekeln. Und dann den anderen Schweinesuppe, Steak vom Angus-Rind und zehnerlei Sorten Speck zum Dessert auftischen.

Tagebuch eines Vegetariers

Peter Parkster

Vorwort

Lieber Leser, ich schreibe diese Zeilen, nachdem ich eines Sonntagnachmittags im Fernsehen eine Dokumentation über die Art der Schweinetransporte in Europa gesehen habe (»Das dreckige Geschäft der Schnitzelmafia«, RTL2). Ich war empört, fassungslos, schockiert! Dieser Bericht veranlasste mich zu einem Experiment, welches sich in ungeahntem Ausmaß auf mein Leben auswirken wird, da bin ich mir sicher – ich werde Vegetarier! Das widerwärtige Geschäft der fleischverarbeitenden Großbetriebe wird nicht länger von mir unterstützt!

Sonntag

Es ist so weit, der erste Tag ist gekommen – ab heute werde ich Vegetarier sein! Vegetarier und glücklich. Mich nur noch wurst- und fleischlos ernähren und trotzdem gesund und rundum zufrieden sein. Wer braucht schon Salami, Würstchen, Steak, Schnitzel, Hackbraten, Geschnetzeltes, Bolognese, Brathähnchen, Gulasch oder Döner? Ich jedenfalls nicht. Dem Alkohol entsage ich auch gleich, ist eh schlecht fürs Gehirn. Ab heute lebe ich gesund.

Montag

Das Frühstück war total lecker. Vollkornbrot mit Dinkel, belegt mit Emmentaler und danach eine kleine Schale Quark. Ich vermisse den Schinken kein bisschen. Warum hab ich bloß früher immer über Vegetarier gespottet? Habe immer behauptet, dass die kraftlos wären, aber das ist totaler Quatsch. Ich strotze nur so vor Energie. Ich freue mich auf meinen Salat zu Mittag. Mit frischen Radieschen, Gurken und leckerem Dressing. Heute Abend gibt es eine Schale mit frischem Früchtequark und danach ein alkoholfreies Bier. Gesund zu essen, ist ein Genuss.

Dienstag

Frau Meier aus der Buchhaltung wird heute fünfzig und hat Pizza für alle mitgebracht. Leider nur Pizza mit Salami oder Schinken. Dabei hab ich doch erzählt, dass ich jetzt Vegetarier bin. Ich popele die Salamischeiben von meinem Stück runter und lege mir stattdessen von meinem mitgebrachten Brokkoli drauf. Ist zwar etwas ungewohnt, schmeckt aber auch. Die anderen aus der Abteilung beobachten mich dabei und fangen dann an zu tuscheln. Die sind bloß neidisch auf meinen Durchhaltewillen, die Weicheier. Das haben sie mir wohl nicht zugetraut. Abends Clausthaler.

Mittwoch

Tag vier als Vegetarier. Hatte eine sehr unruhige Nacht. Habe von Schweinebraten geträumt und beim Aufwachen war das ganze Kissen voll Speichel. Ich habe ein

Brötchen mit Tofu-Wurst gefrühstückt, aber irgendwie schmeckt das so, wie es aussieht. Die Kollegen meinen, ich sehe total angespannt aus und wirke ziemlich gereizt.

»Kein Wunder«, sage ich, »hab ja auch beschissen geschlafen, ihr Kackbratzen!«

Man geht mir den Rest des Tages aus dem Weg. Vor dem Schlafen gönne ich mir erst mal ein Entspannungsbad, bin total erledigt und fühl mich irgendwie kraftlos. Steige in die heiße Wanne und öffne ein alkoholfreies Bier.

Donnerstag

Ich erwache um kurz nach zehn in der Badewanne. Das Wasser ist kalt, Kreislauf und Stimmung sind tiefer als die Mundwinkel von Angela Merkel, und mein Magen knurrt mehrstimmig. Zum Frühstück gibt es Quark. Schon wieder. Fahre mit Brechreiz ins Büro.

»Oh, heute mal etwas später dran?«, fragt mich Herr Schultz, der ältere Pförtner, und lächelt.

Dem alten Sack würde sonst nicht einmal auffallen, wenn neben ihm eine Landmine hochgeht, aber heute muss er hier den Sherlock Holmes raushängen lassen, was? Mein erhobener Mittelfinger zeigt ihm, was er mich kann! Scheiße, hier riecht's immer noch nach der Dreckspizza vom Dienstag. Schicke der alten Meier eine Mail, dass sie nächstes Mal was Geruchsneutrales mitbringen soll, wenn sie den Zweiundfünfzigsten auch erleben will. Möchte abends wieder Bier trinken ... bekomme aber die Flasche nicht auf. Trinke leise weinend Tomatensaft.

Freitag

In meinem Traum diese Nacht hat eine Gruppe Weiß-
würste einen Döner als »Scheiß-Ausländer!« beschimpft,
mit Löwensenf beschmiert und mit Baseballschlägern
aus Nürnberger Bratwürsten niedergeknüppelt. Bin wieder verkatert aufgewacht und habe Augenränder, schwär-
zer als die Seele von Judas Ischariot. Zum Frühstück
Toast mit Gouda, denn Quark kann ich nicht mehr sehen, und Tofu weckt in mir den Drang zu töten. Habe
Lust auf ein Brötchen mit Zwiebelmett. Ohne Brötchen
und Zwiebeln.

Alle im Büro tuscheln über mich, weil sie denken,
dass ich es nicht mitbekomme. Tu ich aber. Blumenkohl
stärkt das Hörvermögen, aber das wissen diese Scheiß-
Schnitzel-Nazis nicht. Als ich nach Feierabend am Pförtnerhäuschen vorbeikomme, sehe ich, dass der Schultz
an seinem Monitor eingeschlafen ist. Sieht ganz friedlich
und brav aus, wie er so schlummert. Schleiche mich rein,
klebe seinen Schlips am Tisch fest und male ihm mit Ed-
ding einen Penis auf die Stirn. Mache dann ein Handyfo-
to davon und werde ihn damit erpressen.

Samstag

Bin gegen vier Uhr in der Früh aufgewacht, nachdem in
meinem Traum eine Horde Bratwürste in zügellosem
Kannibalismus über einen Stamm Cordonbleu hergefal-
len ist und anschließend von einem gigantischen Hack-
steak gefressen wurde. Lag anschließend fünfeinhalb
Stunden wach und zählte die kleinen Knubbel in meiner
Raufasertapete.

Sind 12.324.839! (Hab zur Sicherheit zweimal gezählt.)

Der Joghurt ist nun auch alle. Suche gegen zehn Uhr den Supermarkt auf, wo mich direkt hinter dem Eingang eine Frau an einem Probierstand anspricht, ob ich denn nicht die neue leckere Tofu-Wurst probieren wolle.

Um 10.04 Uhr entkomme ich nur knapp dem Security-Personal des Supermarktes, nachdem ich diese fette Ische an ihrem Stand mit einem Ring Tofu-Fleischwurst verprügelt habe. Die behauptet nie wieder, dass der Dreck gut für die Gesundheit ist. Da ich auf der Flucht mein Portemonnaie verloren habe, klau ich beim Gemüsehändler an der Ecke eine Stange Sellerie und knabbere die heimlich in der großen Hecke beim Stadtpark.

Ich habe meine Verfolger abgehängt und will gerade nach Hause gehen, als mir der stinkende Köter einer kleinen Göre ans Hosenbein schifft. Beim Versuch, nach ihm zu treten, fällt mir etwas auf ... die Scheiß-Töle ... die sieht aus wie eine Salami ...

Ich habe keine Ahnung ...

... welchen Tag wir haben. Bin schon eine ganze Weile hier und eigentlich ist es gar nicht so schlimm. Ich darf sogar Tagebuch schreiben, aber nur mit einem sehr stumpfen Buntstift. Hendrik und Uwe sind sehr nett zu mir, und die Pillen, die sie mitbringen, sind schön bunt und schmecken gut.

John Travolta und ich

Spider

Ich mochte den Kinofilm *Pulp Fiction* wegen seiner realistischen Dialoge. Ich meine natürlich nicht den Bibelquatsch, Hesekiel 25.17 und so. Aber John Travolta sagt mehrmals im Film: »Ich geh mal kacken.« So was sagte ich früher auch sehr oft. Ich hatte mir was eingefangen auf einer auch ansonsten desaströs verlaufenen Indienreise und behielt das auch für anderthalb Jahre. Diese Stelle gefiel mir also. Dann ist da noch dieser andere Spruch, den Samuel L. Jackson macht: »Meine Freundin ist Vegetarierin, was mich auch zu so einer Art Vegetarier macht.« Wir haben so viel gemeinsam, John Travolta, Samuel L. Jackson und ich. Denn auch meine Freundin ist Vegetarierin, und das macht auch mich zu einer Art Vegetarierin. Ich sage immer: »Ich bin Gelegenheitsvegetarier.« Scheinbar mühelos gelingt es mir, zwischen pflanzlicher und tierischer Kost hin- und zurückzuswitchen, als sei es selbstverständlich, was es für mich ja auch in der Tat ist. Ich bewege mich in zwei Welten. Keiner Seite gegenüber hege ich Berührungsängste. Ich bin bi, sozusagen. Eine Zeit lang wohnte ich sogar in einer gemischten Wohngemeinschaft. Wer kann etwas Vergleichbares schon von sich berichten? Gibt es zum Beispiel jemanden, der mit Nazis und Juden in einer WG wohnt? Wahrscheinlich. Heute ist es übrigens wieder ähnlich. Die Wohngemeinschaft heißt jetzt Familie. Meine Frau, die Freundin von damals, damals, als mir *Pulp Fiction* wegen der realistischen Dialoge so gefiel, meine Frau ist inzwischen nach einigem Hin und Her wieder mal Vegetarierin. Und mein Sohn neuerdings auch. Mit fünf. Er fragt mich manchmal, ob mir die Tiere nicht leidtun. Die sind doch so niedlich. Zum Beispiel die Kraken. »Du kannst doch keine Kraken essen«, sagt mein Sohn. – »Kraken sind süß und intelligent«, senft meine Frau dazu. – »Kraken sind wahrscheinlich intelligenter als du«, sage ich, »und sie essen andere Tiere. Denk da mal drüber nach!« – »Ja«, beginnt sie mir Bart um den Honig zu schmieren, »aber noch viel intelligenter als so ein Krakenfisch bist du. Du müsstest wissen, dass man keine Tiere essen sollte.« – Und mein Sohn sagt: »Außerdem sind Kraken niedlich und du nicht.«

Aber auch die anderen Nahrungsmittel findet der Junge zu goldig, als dass er es übers Herz brächte, sie zu essen: Krabben, Kälbchen, Muscheln oder Zwiebeln. Ich frage ihn, ob es okay wäre, wenn ich nur hässliche und unsympathische Tiere äße. Das wird gekontert mit dem Argument, dann dürfte man ja auch mich essen. Es gibt ja durchaus Tiere, die genau das tun: Mich essen. Mücken, Zecken, Pilze und Würmer. Und, wenn sie die Gelegenheit dazu bekämen, auch: Bären, Tiger und Krokodile. Ganz zu schweigen von Haien. Wie wäre es also, wenn wir nur unsere Feinde äßen? Die, die es mit uns genauso machen würden? Gleiches mit Gleichem vergelten? Und wenn ich genauer darüber nachzudenken versuche, würden uns nicht auch Schweine aufessen, wenn wir sie nur ließen? So genau kenne ich mich in der Nutztierzoologie nicht aus. Aber ich denke, auch Kälber oder Lämmer würden ohne Skrupel Menschen auffressen. Zum Beispiel, falls die Menschen sehr klein wären. Oder grün. Das ist ja keine moralische Leistung der Kuh, dass ich groß und rosig bin und sie deshalb auf den Genuss meiner verzichtet. Ein kniffliges Thema. Folgender Standpunkt wird erarbeitet: »Du darfst deine Feinde töten – aber nicht aufessen. Töten ist Notwehr. Essen ist unmoralisch. Ethik ist schwere Materie. Die Amis dürfen Bin Laden töten, aber Merkel darf sich nicht darüber freuen. Schändet man ein Kind, ist es das furchtbarste aller Verbrechen. Zerfetzt man es mit einer Bombe, ist es ein bedauerlicher Kollateralschaden. Ohne Freude daran ist Schlimmes weniger schlimm.« Ganz schön starker Tobak. Und wenn ich ehrlich bin, habe ich ja auch ein schlechtes Gewissen, wenn ich Fleisch esse. Hatte ich schon immer. Schon als Kind. Aber andererseits: Die Kaufhallen sind voll davon. Wenn das Fleisch schon mal da ist, sollte man es nicht wegwerfen. Aber es sollte kein neues Fleisch mehr angeboten werden. Keine Tiere mehr getötet. Nur das schon vorhandene Fleisch, das dürfte man aber noch aufessen. Sonst wäre es ja noch trauriger. Und das, das würde ich auf mich nehmen, quasi als Opfer. Nicht schön, aber einer muss es ja tun. Wenn das Fleisch alle ist, würde ich nicht anfangen, zu jagen oder so. Ich gehe ja auch nicht Pilze sammeln. »So was Blödes«, sagt meine Frau, »habe ich ja noch nie gehört!« Aber mein Sohn sagt: »Gute Idee!

Ich mache mit, ich helfe dir, Papa!« – »Freust du dich jetzt?«, fragt meine Frau pikiert. Ich bin mir nicht ganz sicher. Obwohl ... Keine Ahnung ... Aber ich denke, es ist genug da, für uns beide. »Ich finde das traurig«, sagt meine Frau. »Ich will eine Wurst«, schreit der Sohn. Ich sage: »Ich geh erst mal kacken.«

Iss cool, Man

Stefan Gärtner

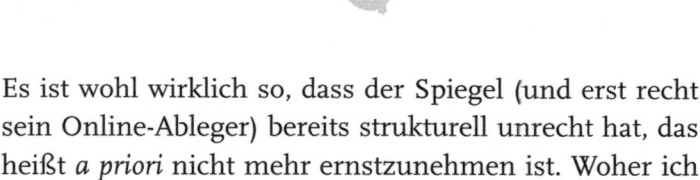

Es ist wohl wirklich so, dass der Spiegel (und erst recht sein Online-Ableger) bereits strukturell unrecht hat, das heißt *a priori* nicht mehr ernstzunehmen ist. Woher ich das weiß bzw. warum ich das glaube? Geben Sie acht:

»Jede Mahlzeit ein Alptraum: In *Chew – Bulle mit Biss* lässt John Layman einen Ermittler mit besonderen Fähigkeiten auf die Lebensmittelindustrie los – der Mann kann bei jedem Bissen Fleisch schmecken, wie es verarbeitet wurde. Der Comic zur aktuell tobenden Ernährungsdebatte.« Wem fällt es auf? Ist nicht so schwer, ich helfe trotzdem: Die aktuell tobende Ernährungsdebatte, sie tobt ja gar nicht; aber unter »toben« und »Alptraum« macht es der Spiegel, machen es die meisten Medien ja nicht mehr. Wer zum Beispiel die Süddeutsche Zeitung abonniert hat, darf sich jeden Morgen freuen, wie »dramatisch« alles geworden ist, wie »drastisch« die Preise steigen (nämlich um circa zwei Prozent) und dass sowieso überall »Chaos« herrscht, von Ägypten bis zur FDP, aber das ist hier gar nicht das Thema.

Die Lebensmitteldebatte, sie tobt nicht. Die Erkenntnis war im Feuilleton schon zu lesen, dass, den allgemein gültigen Aufmerksamkeitszyklen folgend, die »Debatte« um Dioxin und Massentierhaltung, um Fleischverzehr und Konsumhaltung im Zweifel genauso schnell geht, wie sie gekommen ist; spätestens wenn auf dem Stern eine halbnackte Frau in einen Kohlrabi beißt, weil Vegetarismus nämlich der neue »Trend« sei, kann man das Thema getrost abhaken. Eigentlich konnte man es mit J.S. Foers Tier-Aufess-Buch schon abhaken, denn Kulturindustrie, wussten schon Adorno und Horkheimer, schlägt alles mit Einerlei.

Da schreibt also ein amerikanischer Intellektueller ein Buch darüber, wie schlimm es in Tierfabriken zugeht, und dass man, wenn man nicht will, dass dies geschehe, weniger oder am besten gar kein Fleisch mehr essen soll, und wenn schon, dann möglichst Bio. Das dürften aber die meisten Foer-Kunden schon gewusst haben, genau wie alle, die K. Duves deutsches Remake zum Thema *Anständig essen* kaufen. Derlei, und das macht die Sache ärgerlich, ist kaum mehr als (neu-)bürgerliche Selbstverständigung übern Lifestyle-Gartenzaun und überdies ein kühl kalkulierter Auflagengarant mit den absehbaren, lästigen Folgen: Artikelstrecken, Rezensionen, Interviews, bis er plötzlich da ist, der Trend. Der dann so aussieht, dass Natalie Portman über Nacht Veganerin wird und ein paar hundert Großstadtbewohner mehr den Fleischkonsum ablehnen. Weil's nämlich angesagt ist.

Verstehen wir uns nicht miss: Damit sei nichts gegen den Vegetarismus gesagt. Die Haltung, Lebewesen, Säugetiere zumal, zu konsumieren wie Papiertaschentücher, ist, selbst wenn man die Moral weglässt, ein globalökologisches Unglück, und in der Süddeutschen (die halt doch manchmal dramatisch nützlich ist) wies jetzt ein Altphilologe auf den möglichen Zusammenhang von religiös-rituellem Tieropfer und einem allgemeinmenschlichen Grusel bei der Tierschlachtung hin, die höheren Orts angeordnet werden müsse, um erträglich zu werden; Befehlsnotstand, gewissermaßen.

Die Debatte, allen Titelstorys und Trendausrufungen zum Trotz, tobt jedenfalls mitnichten, kann es auch nicht, wo alles, was der herrschenden Ordnung des notwendigen Verbrauchens zuwiderläuft, in Lifestyle- und Trendsanktuarien isoliert wird, zu denen Leute, die nicht Monocle, sondern Bild lesen, keinen Zugang haben. Die reflexhaft sensationalisierende Behauptung, diese Debatte »tobe«, biegt den »Verblendungszusammenhang« (Adorno/Horkheimer) zum Kreislauf zurück, indem sie diese »Debatte« mit derselben kulturindustriellen Reklametechnik verramscht, die Johannes B. Kerners Einsatz für Trash-Geflügelwurst so breitenwirksam macht. »Natur wird dadurch, dass der gesellschaftliche Herrschaftsmechanismus sie als heilsamen Gegensatz zur Gesellschaft erfasst, in die unheilbare gerade hineingezogen und verschachert« (Dialektik der Aufklärung). Mit einer industrialisierten Debatte lässt sich Industrie nicht überwinden, und solange alles Industrie ist, wird niemals eine Debatte zum Thema Tierkonsum toben.

Die Autorinnen & Autoren

sowie bibliografische Notizen

Ahne, war in der DDR der Einzige, der, weil er so dünn war, in einer Spezial-sonderausgabestelle Bananen auf Bezugsschein zugeteilt bekam. Seit dem 24.11.1992 schreibt er Kurzgeschichten, Essays, Romane, Opern, Comics, Einkaufszettel und Regierungserklärungen. Er ist Mitglied der »Reformbühne Heim & Welt« und besitzt einen Reisewecker aus Plaste. Neuestes Buch: »Zwiegespräche mit Gott – Unser täglich Brot« (Voland & Quist).

Thilo Bock lebt, isst und trinkt seit 1973 in Berlin. Abends liest und singt er vor Publikum. Ansonsten hält er sich in der Nähe von Lebensmitteln auf. Sein zweiter Roman »Senatsreserve« erscheint im Herbst 2011 (Frankfurter Verlagsanstalt). www.thilo-bock.de

Martin Betz wurde geboren, wuchs auf und lebt.

Daniela Böhle, geboren in Köln, lebt seit 1999 in Berlin und lektoriert und schreibt Medizinisches und Hörspiele. Ihre Geschichtensammlung »Amokanrufbeantworter« ist bei Satyr erschienen.

Mirco Drewes lebt in Berlin, ist freischaffender Journalist, Literaturkritiker und Vegetarier. Gemeinsam mit Jochen Reinecke und in Kooperation mit der *Welt am Sonntag* gab er das Bahnreisen-Geschichtenbuch »Waschbär Erster Klasse« heraus (Satyr 2011).

Wiglaf Droste begegnet der allgemeinen Dünnsäure mit Dichtung: »Ist das Hirn zu kurz gekommen / Wird sehr gern Moral genommen.« Dem Papst rief er zu: »Du willst sein wie Jesus Christus? / Nimm den Hammer, und dann bist du's!« Mehr unter www.tomprodukt.de

Micha Ebeling, Jahrgang 1965. Der aus der Magdeburger Börde stammende Autor lebt und arbeitet in Berlin. Mitglied der Lesebühne »LSD – Liebe statt Drogen«. 2007 erschien sein Buch »Restekuscheln« (Voland & Quist).

Fritz Eckenga ruhrt in sich selbst. Vom Stützpunkt Dortmund aus dichtet er sich die Welt zusammen. Die Ergebnisse stellt er auf Bühnen, im Radio und in Büchern vor. Er schreibt u.a. beständig für die kulinarische Kampfschrift

Häuptling eigener Herd. Aktuelle Buchveröffentlichung: »Alle Zeitfenster auf Kippe« (Edition Tiamat). Weitere Informationen unter www.eckenga.de »Erste Herbsthilfe« erschien erstmals in Fritz Eckenga, »Fremdenverkehr mit Einheimischen«, Verlag Antje Kunstmann, München 2010.

Konrad Endler lebt in Berlin und liest bei der Lesebühne »Surfpoeten«.

Leo Fischer wurde 1981 unter Schmerzen geboren und hat sie seither jeden Tag. Er studierte in Berlin und Lausanne Literatur und Philosophie, allerdings ohne Erfolg. Im Oktober 2008 wurde er durch einen Zufall Chefredakteur des Satiremagazins *Titanic*. Die Wochenzeitung *Der Freitag* lobte Fischers Arbeiten als »Dreck«, als das »Gegenteil von allem, was schön und gut und wahr ist«.

Kersten Flenter, Jahrgang 1966, pendelt als freier Autor und Bühnenmensch zwischen Hannover, Hamburg und der Republik. Bislang 18 Einzeltitel. Fünfzig Prozent des Text- und Musikduos Flenter & Knop. Infos unter: www.flenter.de

Stefan Gärtner, geboren 1973, war von 1999 bis 2009 der verantwortliche *Titanic*-Redakteur für die legendären »Briefe an die Leser«. Schreibt neben dem monatlichen Politessay fürs Hausblatt offizielle Biografien über Bundesaußenminister (»Guido außer Rand und Band«, mit Oliver Nagel), sprachkritische Lowseller (»Man schreibt deutsh«), allfreitäglich die staatskritische Online-Kolumne »Alle an die Wand« (www.theeuropean.de) sowie für *konkret*, das Fernsehen und alle, die fragen.

Bernd Gieseking ist Kabarettist, Autor und Ostwestfale. Neben satirischen Texten schreibt er Kinderhörspiele und Theaterstücke. Gieseking reist gern und isst überall das, was auf den Teller kommt. Nachschlag unter www.berndgieseking.de

Katharina Greve, 1972 in Hamburg geboren, zeichnet Comics und Cartoons, z.B. für *Titanic* und electrocomics.com. Im Herbst 2011 erscheint ihre zweite Graphic Novel: »Patchwork – Frau Doktor Waldbeck näht sich eine Familie«. www.freizeitdenker.de

Jan Gympel, geboren 1966, Berliner Journalist, Autor von Sachbüchern, schöner Literatur und Comics, begeisterter Allesfresser. www.gympel.de

Uli Hannemann, geboren 1965 in Braunschweig, lebt und arbeitet in Berlin. Seine Kurzprosa trägt er als Mitglied der Berliner Lesebühnen »Reformbühne Heim & Welt« und »LSD – Liebe Statt Drogen« vor. Buchveröffentlichungen: »Neulich in Neukölln« und »Neulich im Taxi« (Ullstein), »Hähnchen leider« (Satyr).

Kathrin Hartmann, 39, war Redakteurin bei *Frankfurter Rundschau* und *Neon* und schrieb das Buch »Ende der Märchenstunde. Wie die Industrie die Lohas und Lifestyle-Ökos vereinnahmt« (Blessing). Sie arbeitet in München. Blog: www.ende-der-maerchenstunde.de
Ihr Beitrag erschien erstmals in *Neon*. Abdruck mit freundlicher Genehmigung der *Neon* Magazin GmbH.

Jakob Hein, geboren 1971 in Leipzig, zog 1972 mit seinen Eltern nach Berlin. Seit 1998 Mitglied der »Reformbühne Heim & Welt«. Lebt mit seiner Familie in Berlin. Keine Stipendien, keine Wettbewerbe, aber ein neuer Roman: »Wurst und Wahn. Ein Geständnis« (Galiani). Schreibt zusammen mit Heiko Werning das tazblog »Reptilienfonds«.

Nils Heinrich hat als DDR-Bürger, Konditor, Zivi, Reporter, Nachrichtenredakteur, Fahrradrikschafahrer, Callcenter-Agent und Pizzabote so viel erlebt, dass er mittlerweile davon lebt, diese Erlebnisse als Kabarettist zu erzählen. Buchveröffentlichung: »Vitamine sind die Guten« (Satyr); zuletzt erschien das Live-Hörbuch »Als ich ein FDJler war – eine Kreisstadtjugend mit Systemwechsel«. www.nilsheinrich.de

Felix Jentsch, lebt seit seiner Geburt in Berlin Mitte in Berlin Mitte. Allergiker wider Willen (gegen alles Natürliche), steht aber unter Medikation. Seit etwa 2003 in der Berliner Kleinkunstbewegung aktiv, seit 2009 Mitglied der Berliner Lesebühne »Surfpoeten«.

Andreas »Spider« Krenzke, lebt in Berlin und liest bei »LSD – Liebe statt Drogen«. www.andreaskrenzke.de

Maik Martschinkowsky, geboren 1981, überlebt in Berlin und ist ein Viertel der Kreuzberger Lesebühne »Lesedüne«. Er organisiert und moderiert Poetry-Slams in Berlin und tritt auch manchmal bei anderen auf. Des Weiteren ist er der Meinung, dass sich Fleisch bewegen sollte.

Toni Mahoni lebt als Sänger, Schriftsteller und Videoblogger in Berlin-Friedrichshain. Letzte CD »Irgendwat is immer« (Roof Music). Seit 2011 moderiert er gemeinsam mit Ahne die sonntägliche Sendung »Show Royale« auf *Radio Eins*. www.tonimahoni.com
»Fleisch!« ist ein gekürzter Auszug aus seinem 2010 erschienenen Debütroman »Gebratene Störche«. Mit freundlicher Genehmigung vom Galiani Verlag, Berlin.

Oliver Nagel war zehn Jahre lang Redakteur beim endgültigen Satiremagazin *Titanic* und lebt jetzt in München, wo er fürs Fernsehen Quatsch macht (»Willkommen Österreich«, »Switch Reloaded«) und zusammen mit Max Witzigmann bei heiteren Leseabenden die peinlichsten Stellen aus Promi-Autobiografien vorliest.

Peter Parkster ist hauptberuflich Datenbankadministrator. Er schreibt seit zehn Jahren für sich und seit 2007, nachdem er zum Besuch eines Poetry Slam gezwungen wurde, auch für die Bühne. Würde für Nutella nicht töten, aber verprügeln.

Klaus Pawlowski, ehemaliger Hochschullehrer, veröffentlicht regelmäßig auf der Wahrheits-Seite der *taz* seine Gedichte. Brachte gemeinsam mit Peter Köhler und Reinhard Umbach zwei Satire-Bücher auf den Markt: »Fette Prosa, starke Reime« (2009) und »Stramme Worte, steile Texte« (2011), beide im Satzwerk-Verlag. Steht seit 1983 als Kabarettist auf der Bühne.

Barbara Rademacher, die ostwestfälische Dauerwurst – auch über Facebook zu bestellen! Heute im Angebot: Fünf-Minuten-Lesung für nur 6,99 EUR! Barbara Rademacher – geschmackvoll geschmacklose Texte! www.konsonauten.net

Isabella Renitente ist Rechtsanwältin und lebt in einem Dorf im Norden von Hannover. Bekannt wurde sie durch ihren satirischen Roman »Der Chaoskater, Von Katern, Hunden und anderen Katastrophen« und ihre Satiren rund um den Flamenco, die in der Flamencofachzeitschrift *¡anda!* erschienen sind.

Ilka Schneider, geboren 1968, lebt, malt und schreibt in Berlin. Mitunter fährt sie nach China oder Taiwan. Bisher veröffentlicht: »Zwischen Geistern und Gigabytes – Abenteuer Alltag in Taiwan« (Dryas-Verlag). Mehr unter: www. ilkaschneider.de und http://taiwan.dryas.de/

Frank Sorge, 1977 in Berlin geboren. Schreibt, zeichnet und fotografiert hier und in anderen virtuellen Welten. Vorleser bei den »Brauseboys«. Zuletzt erschienen: »Brunnenstraße 3, Berlin« (Eichborn). www.frank-sorge.de

Volker Strübing, 1971 in Thüringen geboren, lebt in Berlin und ist einer der Überlebenden des Millenium-Bugs. Alles Weitere steht auf seinem Weblog www.schnipselfriedhof.de.

Volker Surmann, geboren 1972 und in Berlin lebender Exil-Ostwestfale, ist Kabarettist, Autor, Vorleser und Buchmacher. Er schreibt u.a. für TV-Comedy, das Kabarett »Die Stachelschweine«, das schwullesbische Hauptstadtmagazin *Siegessäule*, die Satirezeitschrift *Titanic* und liest bei den »Brauseboys«. 2010 erschien sein Debütroman »Die Schwerelosigkeit der Flusspferde« (Querverlag). www.volkersurmann.de

Mark-Stefan Tietze lebt in Frankfurt und ist *Titanic*-Redakteur. Gemeinsam mit Leo Fischer und Michael Ziegelwagner tritt er als Mitglied der Gruppe »*Titanic*-Taskforce« bei Lesungen auf. Letzte Buchveröffentlichungen als Mitherausgeber: »*Titanic* – das endgültige Satirebuch« (Rowohlt Berlin 2009),»*Titanic* – das totale Promi-Massaker« (Rowohlt Berlin 2011).

Udo Tiffert, Jahrgang 1963, Lausitzer, Mitglied der Lesebühnen Cottbus und »Grubenhund« Görlitz.

Heiko Werning ist Reptilienforscher aus Berufung, Froschbeschützer aus Notwendigkeit, Schriftsteller aus Gründen und Liedermacher aus Leidenschaft. Er liest regelmäßig bei der Berliner »Reformbühne Heim & Welt« und den »Brauseboys« und schreibt zusammen mit Jakob Hein für die *taz* das Blog »Reptilienfonds«. Zuletzt erschien von ihm »Mein wunderbarer Wedding« (Editition Tiamat).